LOTHAR BERG
SOZIALISMUS - SKINHEAD - SUMO

Lothar Berg

SOZIALISMUS - SKINHEAD - SUMO

Das Leben des
Alexander Czerwinski

Biografie

Umschlaggestaltung/Grafik: Thorsten Wiemer

2. Auflage 2020

Bibliografische Information der Deutschen Nationalbibliothek

Die Deutsche Nationalbibliothek verzeichnet diese Publikation in der
Deutschen Nationalbibliothek; detaillierte bibliografische Daten sind im
Internet über http/dnb.de-nb.de abrufbar.

Herstellung und Verlag: BoD – Books on Demand, Norderstedt

ISBN 978-3-7526-2472-4

„Wenn ich auf der Matte eine Waffe hätte, würde ich ihn töten. Aber nach dem Kampf setze ich mich gern mit meinem Gegner auf einen Kaffee zusammen"

(Alexander Czerwinski)

Inhalt:

R I K I S H I (der Krieger)

Schweißgeruch liegt in der Luft. Aus der Halle wummert es herüber in die Umkleide. Hierhin habe ich mich zurückgezogen, um Besinnung zu finden. Hier zwischen den miefenden Socken, dem säuerlichen Gestank aus den unordentlich hingeworfenen Kleidungsstücken. Dort hängt eine Lederjacke am Haken und drüben liegt eine Jeans am Boden. Halb aufgemachte Trainingstaschen, aus denen die Utensilien der Sportler herausquellen. Wie oft habe ich diese Bilder schon vor mir gesehen? Seit über 25 Jahren lebe ich in dieser Welt des Kampfsports.

Und nun ist dies mein letzter Kampf. Mein letzter Auftritt. Wie schnell doch die Zeit verflogen ist. Eben noch ein neugieriger Junge, mit großen Augen und voller Wissbegier und nun ein altes Schlachtross von 38.

Draußen in der Sporthalle am Ring sitzen die alten Cracks des Kampfsports aus Deutschland und Europa. Im Viereck zwischen den Seilen, auf dem schweiß- und blutgetränkten Mattenboden, messen sich die modernen Gladiatoren aus den verschiedenen Bereichen der Kampfkunst.

Mein Freund Christian Bürki, hat mit seinem „German King Cup" im November 2007 wirklich einen Mega-Rahmen für meinen letzten Auftritt geschaffen.

Kann ich dem noch gerecht werden? Spüre ich noch den Kick? Das Zittern der Nerven vor dem ersten Gong? Oder bin ich schon zu abgebrüht? Zu sehr Kampfmaschine, die nur noch mechanisch reagiert?

Nein, das bin ich nicht. Ich fühle und schmecke noch die Vibrationen und den Schweiß der Auseinandersetzung.

Doch ich weiß um die Gefahren des Kampfes Mann gegen Mann.

Vielleicht ist das der Unterschied zu früher – heute denke ich nach.

Ich erinnere mich daran, dass ich irgendwo gelesen habe:

„Wenn der Schmerz der Vergangenheit, auf die Angst vor der Zukunft trifft, das ist der Augenblick, an dem die meisten Kämpfer aufgeben."

Ist dieser Augenblick jetzt für mich gekommen oder liegt darin die Tragik? Noch bin ich ein Krieger, aber doch schon auf dem Weg zum Feldherrn?

Noch nicht müde des Kämpfens, doch über seinen Zenit hinaus. Das Knie bandagiert, den Fußknöchel getaped. Den Rücken lädiert und die Finger gequetscht, gebrochen und ausgekugelt. Die Schmerzen im Rücken und die Pein von der Wirbelsäule, die immerhin 150 kg tragen muß, manchmal auch mehr.

Ich schwitze vom Warmmachen, lausche hinüber zur Halle, aus der das Toben des Publikums herüberschallt. Ich weiß nicht, wer da gerade gegen wen kämpft. Es sind immer dieselben Geräusche. Ich erkenne alles, was dort passiert, am Klang der Töne, am Geruch und am Geschmack.

Was bin ich denn hier? Ein Kämpfer? Ein Gladiator? Ein Clown? Ein Unterhaltungsteil?

Rikishi, den Namen haben sie mir in Japan gegeben. Ein Kämpfer, ein Krieger! Nie aufgeben, das Unmögliche möglich machen.

Durch die Halle geht ein Stöhnen, dringt bis zu mir herüber. Ich stehe auf, mache ein paar leichte Übungen mit den Beinen. Bewegungstalent hat man zu mir gesagt, damals vor 27 Jahren. Ein Schwergewicht mit Bewegungstalent. Mann, bin ich stolz gewesen.

Dann haben sie mich gezüchtet und trainiert. Haben mir alles beigebracht. Die sauberen und die dreckigen Dinge.

Was macht mich aus, wenn die Lichter erloschen sind? Was ist meine Persönlichkeit?
Finde ich eine Neue? Der letzte Kampf. Ein ungeheures Ereignis. Niemand zwingt mich dazu aufzuhören, es ist eine bewusste Entscheidung. Hier und heute. Ultimativ.

Ich sollte mich nicht um diese Gedanken kümmern. Ich brauche einen klaren Kopf für diesen Kampf. Frei sein im Schädel, das braucht ein Kämpfer. Unbeeindruckt sein von allen äußerlichen Einflüssen. Nur den Sieg vor Augen. Wie oft habe ich mich so aufgepusht? Nach jetzt über tausend Kämpfen kommen mir Zweifel? Ich habe gesiegt und verloren, habe triumphiert und bin fast zerbrochen. Die Enttäuschung in den Augen meiner Gegner, die mir unterlegen waren, habe ich genossen und ebenso die Bitterkeit gefühlt, wenn mich der Griff eines Kontrahenten bezwungen hatte.
Ständig dasselbe Spiel vom Quälen im Training, der Selbstschinderei in der Vorbereitung und dann die Anspannung vor jedem Kampf. Die Unsicherheit und zugleich die Zuversicht. Alles Streben auf diesen Moment gerichtet. Auge in Auge mit dem Gegner und keiner mehr zwischen uns. Die Sekunden der Entscheidung. Der Geruch des anderen, seinen Atem in meinem Gesicht. Die Kraft zu spüren, die mich bedrängt, wie der Gegner versucht, mich zu locken, zu fassen, zu ziehen, zu werfen. Dagegenhalten, fühlen, ahnen was er vorhat. Zu kontern, ihn in die Falle laufen lassen, um zu triumphieren, um einfach der Bessere zu sein. Oben zu stehen, als Bester den Beifall zu bekommen.
Und gerade jetzt, oder vielleicht genau deshalb, sehe ich die Dinge vollkommen neu. Stehe ich am Abgrund? Stürze ich hinunter, wenn ich nicht mehr dort auf der Matte bin? Wenn ich mich umdrehe, mich selbst suche? Oder stoße ich eine neue Tür auf? Unbelastet

11

vom Muss der Sucht nach der Auseinandersetzung? Kann ich frei etwas Neues anfangen, erleben und fühlen? Oder bin ich nur der Rikishi?

Ich habe sie heute hier hereinkommen sehen, die jungen Burschen, noch auf dem Wege zum Ruhm, an die Weltspitze, nichts ahnend von der großen Frage: „Was kommt danach?" So wie ich selbst vor über 20 Jahren dem Ruf des Sports gefolgt bin und auch noch darüber hinaus. Sie ahnen nichts davon, dass der Kampf und der Siegeswille sie in ihren Bann ziehen wird, sie bestimmen wird und ihnen seinen Puls aufzwingt. Besessen, glücklich und traurig wird er sie machen. Aber er wird sie nicht unsterblich machen. Sie werden nicht ewig und nicht für immer sein. Wenn die Zeit vorbei ist, da wird sich zeigen, ob du mehr bist, als nur das Zirkuspferd für die, die nicht den Mumm haben, sich selbst dem Kampf zu stellen.

Was kommt danach? Jetzt, nach dem letzten Kampf? Noch einmal siegen. Noch einmal den Applaus hören und die Bewunderung spüren. Noch einmal. Was bleibt mir davon, wenn ich nicht mehr im Rampenlicht stehe. Wer bin ich dann?

„Seht mal den, das ist Alex. Früher mal ein berühmter Judofighter und Sumoringer. Heute ein Wrack, die Knochen kaputt. Das hat er nun davon", wird es vielleicht mal heißen.

Ist das alles? Ist das der Preis? Ist das der Lohn? Ist im Siegerpokal bittere Galle?

Heute endet nicht nur ein Lebensabschnitt, es beginnt auch wieder ein Neuer. Ich habe keinen Plan, welcher das sein könnte.

Es ist so herrlich, auf dem Podest zu stehen, die Anerkennung der Menschen zu spüren und seinen Namen in den Schlagzeilen zu lesen. Nicht aus Eitelkeit, oder nicht nur, sondern auch als Belohnung für die Qualen des Trainings, für das Verzichten, für den Erfolg und die Überwindung auf der Matte und im Ring.

Und es ist ein unbeschreibliches Gefühl, Privilegien zu haben, geachtet und außergewöhnlich zu sein.

Vor dem Spiegel recke, dehne ich mich ein wenig. Ich sehe mich an und erkenne einen dicken Mann, dem das Fett am Leib herunterhängt. Aber ich sehe auch die Muskelstränge darunter, spüre die Kraft und schaue in das Auge des Kämpfers. Ich sehe auch die ungeheure Schnelligkeit meiner Angriffe und die explosive Kraft meiner Techniken. Und plötzlich wird mir bewusst, dass es nicht die Frage ist „Was kommt danach", die mich beschäftigt, sondern die Frage: „Wann wurde ich Rikishi?"

RITTERSPIELE

Wild und ungestüm stürmten wir die Dünen zur Ostsee. Hatten den Wind im Gesicht und brachen jeden neuen Tag zu immer wieder anderen Abenteuern auf. Mein Bruder Kay und ich. Gerade einmal Steppkes im Alter von vier und fünf Jahren. Da waren wir keine Kämpfer, da waren wir Helden und Eroberer. Manchmal auch nur kleine verängstigte Jungen, die sich erschrocken bei Mama zurückzogen. Aber das war nur manchmal.

In der übrigen Zeit vollbrachten wir wagemutige Unternehmungen und kämpften gegen riesige Lindwürmer. Stundenlang durchstreiften wir die Wiesen und Bachränder, drehten Steine und Gestrüpp um, bis endlich der Schrei durch die Luft gellte: „Ich hab eine, Alex, ich hab eine."

Blitzschnell trieb es mich zu meinem Bruder, der wild gestikulierend den Fluchtweg des Ungeheuers beschrieb. Aber die Bestie hatte keine Chance gegen die jungen Ritter von Dierhagen. Wir trieben es in die Enge und stellten es. Todesmutig griffen wir nach der schuppigen Echse, um im gleichen Augenblick nur einen Teil von ihr in den Händen zu halten, während sich der Rest zuckend und schlingernd ins nahe Gebüsch rettete. Oft mussten wir feststellen, dass Blindschleichen ihren Schwanz abwerfen können, der manchmal die Hälfte ihrer Gesamtlänge ausmachte.

Doch dieses Riesending, das, aus heutiger Sicht geschätzt, so an die 40 bis 45 Zentimeter lang war, entkam uns nicht. Das fingen wir in einem Stück und setzten es in einen Karton. Voller Zärtlichkeit füllten wir den Karton mit Ästen und Laub. Wir würden sie zähmen und zu einem Haustier machen.

Leider war die Blindschleiche am nächsten Tag nicht mehr im Karton. Ob sie sich nun selbst befreit hatte oder ob Mama sie freigesetzt hatte, die solches Zeug nicht im Haus haben wollte, wissen wir bis heute nicht.

Aber wir gaben nicht auf und erforschten unser Territorium immer wieder aufs Neue. Steckten unsere Grenzen immer weiter.

Dabei vergrößerte sich aber nicht nur die Welt, in die wir eintauchten, sondern auch die Sorge unserer Eltern, wenn wir wieder einmal aus Sichtweite und über die genehmigte Zeit hinaus wegblieben. Aber dürfen sich Helden davon aufhalten lassen?

Dierhagen, mein Königreich, noch heute. Wenn ich seelisch ganz weit unten oder ganz weit oben bin, zieht es mich noch immer zu den Dünen, dort, wo heute eine Bank steht und von wo aus ich den Blick auf die See habe.

Dort, wo der kleine Alex staunend auf das Wasser gesehen hat und sich der Faszination nicht entziehen konnte, geht auch dem Alex von heute noch das Herz auf. Hier fangen sich meine Träume und meine Sehnsüchte, in meinen unerfüllten Wünschen. Hier bin ich so mächtig wie die Wolkenberge, die in rasenden Ritten am Horizont vorbeiziehen und auf deren Rücken ich schon mein Leben lang in andere Länder reise. Hier bin ich so klein und unscheinbar wie das einzelne Sandkorn dort vorne am Strand. Nur ein Teil des Ganzen, nichts besonderes.

Hier, an dieser Stelle, erlebe ich mich wahrhaftig, verlasse den Glanz und Glamour, den Frust und die Erniedrigung. Hier bin ich wieder der kleine Alex, der mit großen Augen die Welt erkundete. Auch heute sehe ich noch hinunter zum Strand und sehe die beiden Knirpse mit ihren Taschen und Dosen im Wasser waten.

Dort, wo die anderen Ungeheuer lauerten. Mit ihren Scheren und dem braunen, hässlichen Körper. Glitschig, im Wasser im Hinterhalt liegend.

Die tückischen Augen wachsam und starr auf mich gerichtet. Aber was sollte es, wir waren unbesiegbar und schafften auch diese Monster. Manchmal erhielten wir Unterstützung von den Erwachsenen, aber die erkannten nicht wirklich den Sinn einer solchen Jagd.

Ich denke, denen lag eher daran, soviel wie möglich für den Abendtisch zu fangen. Kay und ich holten uns bei diesen Gelegenheiten eher einen Klaps ab oder eine gehörige Anranzerei. Erwachsene eben, die nicht auf Augenhöhe mit den tatsächlichen Dingen des Lebens standen.

Wir wollten uns nur mit den Gepanzerten messen. Geschicklichkeit gegen Instinkt. Nicht gekniffen werden, schnell sein und sie anschließend wieder in ihr Revier entlassen. Mehr wollten wir nicht.

Kay und ich haben sie niemals gekocht, nicht lackiert und nicht an Touristen verscheuert. Das wollten wir nicht, dafür standen die kleinen Kriecher uns viel zu nahe. So eine Strandkrabbe ist doch auch nur ein Mensch.

Aber wie soll das ein Erwachsener begreifen, der sich ganz andere Sorgen macht.

Oder hätten sie sich sonst dermaßen aufgeregt, wenn wir wieder einmal zu spät nach Hause kamen? Dreckig und mit zerrissenen Hosen?

Wie aber anders sollte man im Geisterwäldchen bestehen? Dort zwischen den windschiefen Kiefern eroberten wir Meter um Meter, jeder Gefahr trotzend, die sich im Schatten der Bäume bewegte oder die uns mit dem Wind in den dürren Zweigen ständig Verführungen zuflüsterten. Wir aber, trotzten ihnen und begannen Burgen, Festungen und uneinnehmbare Wehre zu bauen. Höhlen und Buden. Geschickt getarnt und listig ausgebaut. Was verstanden denn die Eltern davon? Nichts. Wie sollte man das ohne aufgeschürfte Knie, leichten Verletzungen oder eingerissene Kleidung bewerkstelligen?

Ich erinnere mich auch daran, dass zwischen den Abenteuern herrliche Zeiten der Ruhe lagen. Zum Baden am Strand oder aber mit der Angel, einer Stippe, Fische fangen. Die haben wir allerdings dann gegessen. Mit großen Augen zugesehen, wie sie ausgenommen wurden und an einem Spieß über dem Feuer gar wurden. Später haben wir sie selbst entkernt und mancher Fisch landete auch in der Pfanne und wurde dann auf einem Teller serviert.

Im Sommer mietete Rosi, eine Cousine meiner Mutter, immer das Haus neben uns. Mit ihr kamen ihre sieben Kinder. Dann wurde es stets lebhaft und wir konnten unseren neuesten Eroberungen vorführen und mussten sie gegebenenfalls auch verteidigen. Diese Wochen waren immer von einem eigenen Rhythmus bestimmt.

So früh am Tage Kay und ich auch unser Elternhaus immer verließen, um all die unbekannten Dinge zu entdecken, so gerne kamen wir zurück, wenn draußen die Schatten länger und unheimlicher wurden. Da konnten wir dann die Rüstungen ablegen und uns von Mutter verwöhnen lassen. Gewaschen werden und frische Sachen anziehen, das Brot schmecken und Milch trinken. Es geht doch nichts über ein schönes Zuhause.

An den Regen- oder Wintertagen blieben wir nicht selten in der Stadtwohnung in der Kröpeliner Tor Vorstadt. Das Toben in der Enge brachte uns schnell den Namen „Terrorgruppe" ein. Dabei waren wir auch hier nur darauf bedacht, Gefahren aufzudecken und von der Familie abzuwenden.

So zum Beispiel, als Kay und ich die geheime Schatzkammer der Zwerge und Kobolde entdeckten. Sie war voll mit Töpfen, Krügen und Behältnissen, in denen Farben versteckt waren, die alle Gerüche ausströmten, die wir noch nicht kannten.

17

Wir waren darauf bedacht, diesen Zauber zu enttarnen und schrieben mit den Inhalten Zauberzeichen und Beschwörungen an die Wände und Möbel im Schlaf- und Kinderzimmer. Es war eine Heidenarbeit.

Obwohl wir uns selbst mit der Bemalung nicht ausließen, konnten wir nicht alle dunklen Dämonen abwehren. Für uns setzte es nämlich einen gehörigen Arschvoll, als die Eltern entdeckten, dass wir den so gut behüteten AVON-Koffer entdeckt und ausgeräumt hatten. Und Avon Kosmetik war damals in der DDR sicherlich ein Schatz.

Das war nicht alles, neben vielen kleinen Hausunfällen, Nervigkeiten und den täglichen Reibereien zwischen Kay und mir mit den Eltern und zwischen uns beiden, ist mir noch eins in Erinnerung geblieben.

Meine Mutter machte sauber. Sie reinigte die Böden und brachte sie wieder auf Vordermann. Während ich ihr so zusah, wie sie da auf allen Vieren über den Boden rutschte, überkam mich ein ungeheurer Durst.

Ich wusste nur zu gut, dass ich in diesem Stadium der Hauspflege nicht mit meinem nörgelnden: „Mama, ich hab Durst!" zu kommen brauchte.

Hier war der Mann selbst gefragt. Und wer zweifelt daran, dass ein Kerl mit fünf Jahren noch kein Mann ist?

Ich sah mich um und entdeckte eine mir wohl bekannte Flüssigkeit, die sonst in einer Glasflasche oder in einem Euter steckte. Hier aber hatte sie eine neue Verpackung, eine Art Kanne. In einem unbemerkten Augenblick schnappte ich mir diese und trank in kräftigen Zügen. Baahhh, selten hatte ich so eine saure Milch getrunken und auch danach nie wieder. Aber was sollte es. Schnell noch ein Schluck hinterher, damit ich auch nicht noch teilen musste.

„Aaaaaaleeeex!"

Ich wusste nicht, wie mir geschah, als ich den Schrei meiner Mutter hörte, die mich sofort vom Boden hochriss. Was alles Weiteres passierte, weiß ich nicht mehr, aber ich gelangte auf dem schnellsten Weg in die Klinik, wo man mir den halben Liter Bohnerwachs aus dem Magen pumpte. Da lag ich nun ein paar Tage, ein bisschen Blödmann, ein wenig Opfer und auch eine Spur von Held.

Trotzdem, die Aufregung um das Vorkommnis habe ich nie verstanden.

DER ERNST DES LEBENS

Obwohl Papa Beziehungen zur Partei hatte und Omas Durchsetzungsvermögens besaß, nahm uns ein Politbonze die Kneipe in Dierhagen weg. Er tat das zwar auf eine gewisse Weise charmant, aber es hatte schon etwas von Enteignung. Das Erlebnis sollte mich jedoch nicht davon abhalten, in den kommenden Jahren zu einem überzeugten Anhänger unserer Republik zu werden.

Zum Glück behielten wir aber das Grundstück mit dem Haus, so dass Kay und ich die Blindschleichen, die Dwarslöper, das Gespensterwäldchen und all die anderen tollen Dinge im Sommer nicht vermissen mussten, obwohl die Familie erst nach einiger Zeit wieder in Gresenhorst, nahe bei Dierhagen, eine Kneipe zur Bewirtschaftung erhielt.

Ich war älter geworden, nun schon sechs oder sieben Jahre alt und das Leben wurde härter. Ich war ein kräftiges Kind und konnte mich einfach nicht an den Namen „Dicker" gewöhnen, der mir nun des Öfteren in den Ohren hallte. Ich war viel mit dem Fahrrad unterwegs.

Aus den Rittern waren Piraten geworden. Wir bauten Flöße, die auf dem Wasser in den Kiesgruben eingesetzt wurden. Andere Stämme, Nachbarkinder, traten auf dem Plan. Wir mussten unsere Höhlen und Wasserfahrzeuge verteidigen. Da wurde auch schon mal gerungen und gelegentlich flogen ein paar Steine. Aber das war sicherlich so in Ordnung, wie mir 14täglich die Vorkommnisse in und vor unserer Gaststätte immer wieder bestätigten.

Dort konnte ich sehr gut, aus der Wohnung über der Kneipe, die Auseinandersetzungen der Erwachsenen verfolgen. Was habe ich mir die Nase platt gedrückt am Fenster, wenn nach dem Tanzabend, in der Regel ab 22.00 Uhr, draußen die Keilereien losgingen. Da gingen sie aufeinander los, die Platzhirsche, die Stiere, die Kerle.

Da ging ein Pärchen in die Dunkelheit und kam nach 20 Minuten wieder zurück, während ein anderer Kerl schon wartete. Dann haben sich die beiden Männer in die Fresse gehauen und die Frau verschwand mit dem Sieger in der Gaststätte.

Oder Freunde verließen das Lokal und begannen sich zu streiten. Schlugen und traten aufeinander ein. Als sie beide bluteten, vertrugen sie sich, stützten sich und verschwanden in der Dunkelheit.

Manchmal war auch nichts zu verstehen, da kamen zwei heraus, brüllten sich an, drumherum eine wilde Meute, schlugen sich und gingen wieder zurück.

Das ganze geschah in aller Regelmäßigkeit.

In Zilles Milljöh heeßt det wohl „bei Zickenschulze".

Ich war voll motiviert und stürzte mich am nächsten Tag mit aller Energie in die Verteidigung unserer Spielplätze.

*

Es gab aber auch Erlebnisse, die ich damals noch gar nicht begriffen habe. Da war dieser Mann, der gelegentlich stinkbesoffen und mit heruntergelassenen Hosen in den Dünen in Dierhagen hinter den Mädels hinterher lief. Was er genau hinter den Frauen hinterrief weiß ich nicht mehr, denke mir aber heute, dass es mehr oder weniger unzweideutige Aufforderungen waren.

Viele Jahre später habe ich ihn dann wieder gesehen, im Fernsehen. Er war der Moderator des Schwarzen Kanals, Karl Eduard von Schnitzler.

Seine Auftritte damals, in den Dünen, wären bestimmt eine Meldung in seiner Sendung wert gewesen wäre.

Doch das Leben hielt noch ganz andere Sachen bereit. Es besteht nicht nur aus Vergnügen, sondern auch aus Pflicht. Diese holte mich 1.September 1975 ein. Es war der Tag meiner Einschulung.

So richtig viel versprechend schien mir der Anfang nicht, als ich mich auf dem Dachboden der alten Dorfschule hinter das Pult quetschte, das noch fest mit der Sitzbank verbunden war.

Unsere Klassenlehrerin, Frau Krönke, war eine lange und hagere Erscheinung. Für mich zunächst eine fleischgewordene Figur, aus Kays und meinem Gespensterwäldchen. Sie hätte einmalig zwischen die Kiefern gepasst. Tag für Tag wurde sie jedoch immer menschlicher und wir bekamen eine nette und liebe Frau zu spüren.

Das Gefühl stellte sich bei der strengen Frau Rist nicht ein. Sie war eine „super rote Socke", was ich erst viel später begriff. Sie war insgesamt ziemlich eklig und so, wie sie sich aufführte, schien sie von sich zu glauben, etwas Außergewöhnliches zu sein.

Als einmal ihr Sohn Mike das Lied „Ein Herz für Kinder" von Andrea Jürgens sang, erhielt er sofort Wortverbot von seiner Mutter, damit nicht der Verdacht aufkam, dass bei ihnen zu Hause Westfernsehen geguckt wurde.

Frau Rist war auch dafür bekannt, dass sie die Kinder immer wieder befragte, ob die Uhren im Fernsehen als Sekundeneinteilungen Striche oder Punkte hätten.

War die Antwort Punkte, war alles in Ordnung, da das DDR-TV auf seinen Uhren Punkte hatte. Bei der Antwort Striche konnte es nur das BRD-TV sein. Damit waren eine Meldung und daraus folgende Repressalien fällig.

Doch Kinder haben ein gutes Gespür für Gefahr und so hatte Frau Rist nicht die Menge an gewünschten Spitzelerfolgen, wie sie es sich vielleicht gewünscht hätte.

*

Ich fand mich ganz gut in das System ein. Der liebe Gott hatte mich mit einer guten Auffassungsgabe versehen, so dass ich schon beim Zuhören eine Menge von dem Stoff behielt, den der Lehrer dort vorne vortrug. Nicht jeder kam bei der Materie so gut mit. Wie auch beim Militär, so war auch hier die Truppe nur so schnell wie der Langsamste. Diese Weisheit habe ich im Leben noch sehr oft erleben müssen.

Aber daran verschwendete ich, als Steppke in kurzen Hosen, natürlich noch keinen Gedanken.

In manchen Stunden rauschte der Wortschwall der unterrichtenden Person, dort vorne an der Tafel, nur so an mir vorbei. Mein Blick glitt nach draußen und fing sich in den Sonnenstrahlen oder in den Wipfeln der Bäume wieder. Ab und zu knallte mir ein überlautes: „ALEX!" ans Ohr und mir wurde wieder bewusst, wo ich war, aber das hat mich nicht wirklich beeindruckt und schon gar nicht ins Hintertreffen gebracht.

Ich ging gerne zur Schule. Nicht immer voller Begeisterung, aber doch gerne. Schließlich traf ich hier auch die anderen Recken aus unserer Gegend. Heiko, Thomas, Mike und wie sie hießen.

Mit denen bestanden Kay und ich Kämpfe gegen andere oder untereinander.

Mal nur so, aber manchmal auch um die Ehre oder um ein Mädchen. Ein Grund fand sich immer. Entweder weil wir die Zugezogenen waren oder aber weil die anderen die Doofen vom Land waren. Mal krachte es, weil jemand zur falschen Zeit, am falschen Ort die falschen Leute traf und dann gab es Zoff, weil alle zum richtigen Zeitpunkt am selben Ort waren. Der Schulhof war die Zeit des Träumens, des Lernens und der Auseinandersetzungen. Schlimmer konnte es nicht werden. Das dachte ich zumindest in diesen ersten Jahren der Schule.

*

Während dieser Jahre war meinem Bruder und mir die Dackeldame „Inka" eine liebe und aufmerksame Begleiterin gewesen. Unser Fährten- und Spürhund bei allen Gefahren. Eines Tages kam ich auf den Hof, auf dem unser Wolga, ein Auto russischer Marke, stand. Drumherum rasten sämtliche Köter des Dorfes und veranstalteten ein Gewinsel, Geheule und Gehechel. Im Auto saß Inka und genoss die Aufmerksamkeit. Für mich sah es damals wie ein Indianerangriff auf eine Wagenburg aus.

Als sie starb, war es ein Verlust, aber ich habe es verstanden. Inka war in Ehren alt geworden und friedlich eingeschlafen. Da wir hier in Gresenhorst mit Schweinen, Hühnern, Enten und Hasen aufwuchsen, war mir das Zusammenspiel von Leben und Tod schon vertraut.

Trotzdem traf mich der Tod des Hauskaters „Murkel" bis in den tiefsten Winkel meiner kleinen Seele. Ich war zu Hause, als er sich heranschleppte. Immer wieder brachen seine Hinterläufe ein. Mir krampfte es mein Herz zusammen und ich konnte nicht verstehen, was sein jämmerliches Miauen mir mitteilen wollte.

Vor allem konnte ich ihm nicht helfen. „Murkel" schaffte es bis vor meine Füße, dann brach er zusammen und sah mich flehentlich an. Ich tat was ich konnte, deckte ihn mit einer Decke zu, stellte ihm etwas zum Essen und zum Trinken hin. Aber es half nichts. „Murkel" starb, mit einem vorwurfsvollen Blick aus seinen grünen Augen. Er wurde nur zwei Jahre alt. Wäre er doch bei seiner Jagd auf Mäuse geblieben und hätte nicht alles probiert, was ihm in den Weg kam. So musste er irgendwo Rattengift gefressen haben, wie ich viel später erfuhr.

Nun hatte ich zwei Lebensgefährten verloren, die einen Teil meiner Kindheit ausgemacht hatten. Aber es gab Trost.

Ein paar Wochen nach Inkas Tod bekamen wir einen Schäferhundwelpen, den wir „Irak" nannten. Von nun an war er der

Dritte im Bunde, wenn wir uns gegen den Rest der Welt oder doch zumindest gegen die dörflichen Kinder durchsetzen mussten.

Besonders denke ich da an die Familie in der unmittelbaren Nachbarschaft, die mit ihrer ordnungslosen Lebensweise für Spannung und Angst sorgte. Für mich war das immer eine Asi-Familie. Der Vater soff, krakeelte rum und urinierte in aller Öffentlichkeit. Gelegentlich bekamen wir auch Einsicht, wie die eingerichtet waren, wenn mal ein Stück ihres Mobiliars aus dem Fenster flog. Die Frau keifte ständig irgendjemandem hinterher, stritt mit den Nachbarn und war ungepflegt.

Die sechs Kinder benahmen sich einfach rotzig. Sie stahlen, logen und lungerten ständig auf der Strasse herum. Es war ein Mädchen unter fünf Knaben. Die Jungens waren alle dick, kräftig und echte Stänkerbolzen. Ihre ganze Erscheinung war dreckig. Mit denen sind wir nie richtig warm geworden. Aber vielleicht haben wir ihnen auch Unrecht getan und hätten es versuchen sollen.

Da gab es auch Peter Wellendorf, so ein richtiger Mecklenburger Bauer. Hart arbeitend, aber auch hart feiernd. Wenn Herr Wellendorf mal so richtig dabei war, dann hörte ich ihn nicht selten vom Schankraum bis hoch in unsere Wohnung. So laut war seine Stimme. Er ging auch einer handfesten Keilerei nicht aus dem Wege. Und Gründe dafür gab es nicht selten, wenn er als der KAP (Kooperative Abteilung Pflanzenproduktion) mit seinen Weisheiten und Vorgaben nicht immer die Meinung der anderen traf.

Gut erinnern kann ich mich noch an seine Frau, die eine einzige Katastrophe war. Meine Eltern hatten mich mal für ein paar Stunden bei Wellendorfs in Obhut gegeben. Gemäß meinem Naturell tobte ich dort durch das Haus. Das brachte mir gute vier bis fünf Stunden Unterbringung im Keller ein, in den mich Frau Wellendorf einschloss, weil ich ihr zu wild spielte. Seitdem geisterte der Begriff Wellendorf immer nur als „Kerker Wellendorf" durch meine Kinderfantasie und Frau Wellendorf war die Kerkermeisterin.

Unübertroffen waren aber die Abenteuer, die ich mit meinem treuen Gefährten und Bruder Kay erlebte. Ebenso neugierig und frohgelaunt präsentierte er mir seinen neuesten Fund. Voller Forschungsdrang klopfte und hämmerte ich daran herum, um hinter das Geheimnis des seltsamen Gegenstandes zu kommen.

Die beiden Ohrfeigen klärten uns nicht darüber auf, was wir da gefunden hatten, aber es schärfte unsere Aufmerksamkeit für die Erklärung, dass eine scharfe Handgranate gefährlich und vor allem kein Spielzeug ist.

Nun gut, diese Lektion hatten wir gelernt und würden uns in Zukunft von solchen Dingen wohlweislich fern halten.

Das Leben zwischen Dorfschule und Konsumkneipe bot auch so genug Abwechselung.

Vor allem wenn man wusste, dass die Umgegend ein „Russen Staatsjagdgebiet" war. Da bekam man auch schon als kleiner Mann mit, dass es Menschen gab, die etwas Besonderes sein mussten.

Nicht selten wummerte und hämmerte es nachts an der geschlossenen Kneipe, bis meine Eltern wach waren und öffneten.

Dann hieß es Jagdalarm. Es war jedes Mal eine Gruppe von besoffenen Russen, begleitet von privilegierten DDRlern. Die bestanden dann darauf, dass die Jagdbeute aufbereitet wurde. Nebenbei haben sie sich noch die Kante gegeben, bis ihnen der Suff aus den Ohren herauslief. Ich war dann froh, wenn ich meine Eltern am nächsten Tag wieder gesund und heil gesehen habe.

Doch unbeeindruckt von den Ängsten der Nacht sattelte ich im Licht des neuen Tages wieder mein Traumross und brach zu neuen Ufern auf. Eines davon lag im Keller, in dem Kay und ich ab und zu spielten. Das Zauberwort hieß Feuer. Schon spannend, wenn sich die Flamme so am Papier entlang frisst. Wie sie zwischen Rot und Gelb die Farbe wechselt und auf ihrem Weg einen schwarzen Streifen zeichnet. Wie sie Papier verschwinden lässt.

Kurz und gut, wir hatten gekokelt. Das war ja halb so schlimm, weil wir nicht erwischt worden waren. Aber vielleicht wollten wir uns im Ruhm sonnen oder, wie jeder Täter, uns unserer Tat rühmen. Auf jeden Fall haben wir uns verquatscht. Das hatte zur Folge, dass wir eine weitere Erfahrung machen mussten. Die flache Hand des Vaters färbte die Backen am Ende unserer Rücken rot und das Wasser aus den Augen schmeckte salzig. Auch hier hatten wir unsere Lektion früh gelernt. „Tu die Dinge, die dir keine Ruhe lassen, aber überlege dir genau, wem du sie erzählst."

Diese Idylle, die ich hier erleben durfte, war mit einem Schlag zu Ende.

Oma, der kluge kaufmännische Kopf der Familie, hatte schon 1972 / 73, zu der Zeit, als man ihr das Lokal in Dierhagen wegnahm, in kluger Voraussicht in der Wächterstrasse in Rostock ein Haus gekauft. Zwar hatte die Familie sie bedrängt, doch lieber ein Auto anzuschaffen, aber Oma hatte da ihre eigene Philosophie, um die ich sie manchmal noch heute beneide. Sie entschied einfach mit dem klaren Satz: „Autos gehen kaputt, Kommunisten kommen und gehen, aber Immobilien bleiben."

Wie recht sie doch hatte, ich wohne noch heute in dem Haus.

Oma „Käthe-Ottilie" war sowieso ein großartiger Mensch, die nach ihren eigenen Prinzipien und Richtlinien lebte. Damals habe ich nicht alles verstanden, aber später dann doch. So lache ich heute noch, wenn ich daran denke, dass sie immer sagte: „Der ist bestimmt katholisch", falls ihr jemand nicht geheuer erschien oder ihr nicht passte und sie sich in seiner Nähe unwohl fühlte.

Es ist schön, dass die ersten Gedanken, wenn ich an die Wächterstrasse denke, immer bei meiner Oma sind, die ich sehr geliebt habe. Heute noch, wenn ich die knarrenden Stufen in dem Haus hochsteige. Ich glaube, wenn das nicht die ersten Gedanken wären, dann würde ich die Zeit, die mit dem Umzug begann, verfluchen, weil sie mein Leben bis heute neu bestimmt hat.

Meine Güte, was ist in den kommenden Jahren alles über mich hereingebrochen.

Meinen Freundeskreis musste ich wieder einmal neu sortieren. Die Banden formierten sich um mich herum, rund um die Wächter- und Feldstrasse. Und hinter der Schule im Lindenpark lernte ich den Fifiwald kennen.

Aber ich war der Neue in der „Vierzehnten Polytechnischen Oberschule Karl-Liebknecht". Einem riesigen, furchteinflößenden Gebäude aus Beton und Glas. Das alleine hatte schon genügt mir Respekt einzuflößen, da hätte es gar nicht der unmittelbaren Nähe zum alten Friedhof bedurft.

RAUE SITTEN – HARTE ZEITEN

Wie führte man sich besser ein, als mit ein paar guten Kämpfen – und ich war ein kräftiges Kerlchen mit meinen zehn Jahren. Aber trotzdem gab es auch oft genug für Kay und mich eine kräftige Abreibung. Entweder von den älteren Schülern oder von einer Gruppe. Hier in Rostock blies schon ein anderer Wind. Auch die Prügeleien hatten eine neue Qualität, sie waren gemeiner und härter. Darauf ausgerichtet, Schaden zu hinterlassen, zu erniedrigen und zu unterwerfen. Kay und ich hatten einen harten Stand und bald lernte ich auch die Angst kennen.

Meistens mehr um meinen Bruder, der eine Klasse tiefer als ich war und so auch einen anderen Stundenplan hatte. Das hatten unsere Verfolger bald heraus. Zu zweit waren wir schon eine kleine Macht, aber getrennt war uns beizukommen.

Da grübelte ich schon am Abend vor dem neuen Schultag darüber nach, wie ich der nächsten Auseinandersetzung oder Beleidigung aus dem Weg gehen konnte.

Zu Hause brauchte ich es gar nicht erst mit einer Ausrede oder Krankheit versuchen, das war klar.

Weniger die häufigen Raufereien, als das ständige Hänseln und die Beleidigungen, die auf meine Figur gemünzt waren, hatten mich sensibel gemacht. Das äußerte sich in cholerischen Ausbrüchen. Wenn es also wieder einmal „Dicker, „fette Sau" oder „Schwabbel" hieß, konnte es passieren, dass ich mich ohne Rücksicht auf Folgen einfach gehen ließ. Dann kam die Ernüchterung.

Warum hatte ich in meiner jähzornigen und unbeherrschten Art, die ich wohl von meinem Vater geerbt hatte, wieder einmal überzogen und auch die Mitschüler so gereizt, dass sie mir aus größerer Entfernung, eine Abreibung in Aussicht gestellt hatten? Was zum Teufel hatte mich nur geritten, ihnen auch noch höhnisch lachend die erhobene Faust zu zeigen, jedoch nicht ohne auf den Sicherheitsabstand zu achten? Jetzt aber, in der Dunkelheit meines Zimmers und in der Wärme des Bettes, tauchten die Gespenster der Konsequenzen meines Handels auf.

Einmal hatte ich versucht, den normalen Schulweg zu umgehen. Das ist mir nicht gut bekommen. Da haben sie mich trotzdem erwischt und ich empfand die Prügel als besonders schlimm, weil ich sie so weit weg von der Wächterstrasse bezog.

Auch manche Träne versickerte in diesen Wochen und Monaten in dem Daunenbezug meines Bettes. Es war aber nicht die Angst vor den körperlichen Schmerzen, sondern die Scham vor der Erniedrigung, der Unterlegene zu sein. Die Peinlichkeit, mit kaputten, dreckigen Sachen vor den anderen dazustehen. Vielleicht beschimpft oder angespuckt zu werden. Vor allem vor den Mädchen, denen ich langsam begann hinterherzuschielen.

Im Besonderen Sabine Blau, die ich in späterer Rückbesinnung die Pamela Anderson unsere Klasse taufte, an die ich mich aus besonderem Grund immer erinnern werde. Oder Grit Röver, die Uma Thurman unserer Gemeinschaft. Was hatte ich für Gedanken und Zukunftsträume. Die platzten jedoch regelmäßig am harten, grauen
Alltag, wenn es wieder hieß: „Hinaus auf den Weg in die Schule."

Mit diesem ganzen Grauen vor Augen fiel ich oft in einen unruhigen Schlaf, in dessen Träumen ich manchmal Held oder Versager war.

Gott sei Dank folgte jeder Nacht ein neuer Tag. Vater, Mutter und Oma führten zu dieser Zeit die Konsumgaststätte.

Aber Oma oder Mutter haben mich morgens immer geweckt. Zwar auf ihre eigene raue Art, aber doch immer mit viel Liebe. Manchmal war ich schon wach, bin aber liegengeblieben, um das Wecken nicht missen zu müssen.

Das war meine kleine Brücke zwischen den Träumen und den zu erwartenden aktuellen Erlebnissen.

Nach dem Waschen und dem Anziehen saß ich am Küchentisch, zappelte mit den Beinen und aß mein Frühstückbrot, während ich Mutter oder Oma dabei zusah, wie sie meine Schulbrote einpackten und noch ein wenig Obst dazu legten. Äpfel, Pflaumen oder was es gerade so gab.

Was steckte da für Liebe drin! Damals habe ich es nur gefühlt, heute weiß ich es. Wenn ich heute auf Reisen bin und in irgendeinem Hotel am Frühstücksbüfett sitze, dann gehen meine Gedanken dahin zurück. Dann vermisse ich auch das Zehn-Pfennigstück, das mir Oma so oft heimlich in die Hosentasche geschoben hat. Immer begleitet von einem leichten Lächeln um ihren faltigen Mund und einem zugekniffenen Auge. Das war unser Geheimnis und machte uns zu Komplizen.

Doch die Uhr kannte keine Gnade. Zeit für den Schulweg. Erstaunlich, wie schnell die Zeit verflog; bis ich das Haus verlassen musste, raste sie einfach nur so dahin.

In der Schule zum Beispiel, wollte sie gar nicht vergehen.

Oh Gott, schon das Wort, der Gedanke – SCHULE – ließ Schweißbäche über meinen Rücken laufen.

Obwohl die Bildungsanstalt höchstens 800 Meter vom Haus entfernt war, schien es mir doch ein langer qualvoller Weg zu sein. Die Wächterstrasse hinunter, an den Polizeigärten vorbei und dann auf die Feldstrasse.

Die Feldstrasse war die Zielgerade. Sie hielt für den zehnjährigen Alex zwei Sachen bereit. Zum einen die "Neue Dampfbäckerei" an der Feld- / Ecke Wiesenstrasse mit ihren herrlichen Streuselschnecken für zehn Pfennig, die ich auch noch heute über alles liebe.

Zum anderen das Höllentor, wie ich die Toreinfahrt zu einem Garagenhof nannte. In dieser Toreinfahrt sammelten sich früh morgens die Grüppchen und kleinen Banden, um von dort aus die letzten Meter zur Schule gemeinsam fortsetzen zu können. Und dort musste ich vorbei, am Höllentor.

Es war ein tägliches Roulette. Entweder hatte ich den großen Wurf und in der Einfahrt trieben sich nur diejenigen herum, die mit sich selbst beschäftigt waren oder aber ich hatte Pech. Dann traf ich auf die Gangs, die auf Putz aus waren. Da brauchte ich selbst gar nichts verzapft zu haben, da gab es immer auf den Buckel. Nicht immer Schläge, aber doch ein bisschen Geschubse, mal die Mütze weg oder Beschimpfungen. Weil ich der Neue war, weil sie Langeweile hatten oder es fand sich ein anderer Grund. Ich glaube, sie haben genau gemerkt, dass in mir eine Wut kochte und mein Jähzorn ihnen ein Grund gab, sich dann gegen meine Antwort wehren zu müssen.

Der Gang die Feldstrasse hinunter gestaltete sich in den abenteuerlichsten Unternehmungen. Ich hatte da verschiedene Varianten. Entweder schlenderte ich scheinbar teilnahmslos und gelangweilt an der Einfahrt vorbei, in der heimlichen Hoffnung, so unauffällig wie möglich zu wirken, um so, fast unsichtbar, daran vorbei zu kommen. Das war nur von mäßigem Erfolg beschieden, denn als Kind mit einer Größe von 1,65 Meter und einem Gewicht von 65 Kilogramm ist es nicht leicht, sich unsichtbar zu machen. Trotzdem gelang mir diese Tarnung ab und zu.

Eine andere Taktik bestand darin, dass ich zwanzig Meter vor der berüchtigten Stelle zu einem absoluten Wahnsinnsspurt ansetzte, um in dem Fall, dass man mir dort auflauerte, die Blockade durchbrechen zu können. Das gelang mir verhältnismäßig oft, hatte aber auch zur Folge, dass man mich nach 40 Metern ziemlich ausgepumpt stellte und die Tortur nur ein paar Meter nach der Einfahrt stattfand. Vielleicht legte ich damit auch die Basis für meine später bewunderte Grundschnelligkeit.

Die Versuche, geschäftig, eilig, die Einfahrt zu passieren, um dann auf Provokationen erstaunt und abwesend zu reagieren, unterließ ich bald. Es stellte sich heraus, dass die Gegenseite davon nicht zu beeindrucken war.

Meine Überlegung, die Stelle auf der gegenüberliegenden Straßenseite zu passieren, war ebenfalls zum Scheitern verurteilt. Dadurch wurde der Weg zur Zielgeraden einfach zu lang und man sah mich einfach zu früh.

Nicht nur dieses Schicksal des täglichen Horrors teilte mein Bruder Kay mit mir, sondern auch die daran anhängigen Missachtungen und körperlichen Repressalien. Das war auch so ein Punkt, der mich lange quälte. Ich wollte Kay, den Jüngeren von uns beiden, immer beschützen, konnte es aber zu dieser Zeit in Rostock kaum. Das hat mich lange bedrückt. Manchmal, auch wenn es sich unwirklich liest, schrecke ich noch heute aus dem Schlaf auf, weil ich das Gefühl habe, ihm drohe Unheil und ich müsste für ihn da sein.

Es war jedoch nicht so, dass wir immer nur den Arsch voll bekamen. Nein, wir feierten auch unsere Siege und ließen es an den Unterlegenen aus. Das war es vielleicht, warum ein Frieden zu dieser Zeit nie wirklich zustande kam.

Und dann gab es die Tage, an denen sie mich nicht erwischten. Das heißt, nicht vor dem Schulhof. Da wurde mir leicht ums Herz und eine Euphorie machte meine Schritte schneller und leichter. Es war ein Gefühl des Schwebens. Die Schuhe drückten nicht und der Ranzen wog nichts. Mit diesem beflügelten Gang erreichte ich die Ecke Wiesenstrasse. Dort lag die Dampfbäckerei.

Oft bin ich ein paar Schritte davor stehen geblieben und habe, mit dem Rücken an die Hauswand gelehnt, diesen betäubenden Geruch vom frischen Backwerk in mich aufgenommen. Ich war mir sicher, dass ich den Geruch von Streuselschnecken ganz speziell heraus riechen konnte. Noch viele Jahre lang habe ich gedacht: „Mann, so eine

Dampfbäckerei müsste es wieder geben."

Es gibt sie ja noch, nur heute sind es die Großbäckereien. Die Enttäuschung darüber, dass die Dampfbäckerei nichts weiter als die Industrialisierung zur Massenherstellung von Backwaren ist, hatte ich damals noch nicht. An solchen Tagen, an denen ich mein Ziel friedlich erreicht hatte, genoss ich jede Sekunde. Gelegentlich streichelte ich die alte Tür, bevor ich die Messingklinke herunterdrückte und die alte Holztür aufschob.

Es war ein Spiel, zu versuchen sie so vorsichtig aufzubekommen, dass die kleine Glocke am oberen Ende nicht läutete.

Ich habe es jedes Mal verloren und würde es heute gerne nur noch einmal probieren. Aber die „Neue Dampfbäckerei" ist nicht mehr. Sie ist verschwunden, wie mir mein Blick bestätigt, wenn ich jetzt dort vorübergehe und hinschaue. Immer ein bisschen in der Hoffnung, die alte Dame sagen zu hören: „Moin Alex, wie immer? Eine Streuselschnecke?", wenn ich zu den heruntergelassenen Rollladen des Eckladens blicke.

Vor Aufregung und mit Wasser im Mund konnte ich dann nur nicken und brachte keinen Ton heraus. Manchmal fiel mir mein Zehnpfennigstück auf den Boden. Aber gut, was war das gegen das Gefühl, dieses warme Gebäck in den Händen zu halten. Nur daran zu riechen und den Duft zu genießen.

Wenn ich daran denke, wird mir noch heute der Mund wässrig und ich muss mich beherrschen, nicht zur Wiesenstraße zu gehen.

Aber auch ohne diesen täglichen Abenteuerparcours war mein Leben bunt und spannend. Es bestand nicht nur aus Prügeln, Niederlagen und Siegen.

Da war da noch der Lindenpark, der ehemalige Friedhof. Der war düster. Überall zwischen den Büschen und Bäumen verbargen sich Bürgermausoleen. Gebilde aus Stein und Puppen. Übriggebliebene Begräbnisstätten eines ehemaligen Friedhofs. Natürlich zog es uns dahin. Auch hier herrschte oftmals die Angst, denn hier war das Freizeitrevier der Cliquen, die sich dort nachmittags herumtrieben. Doch hier hatten Kay und ich eine Chance. Hier gab es Deckung und mit genügend Witz und Pfiffigkeit konnte man mit den anderen Katz und Maus spielen. Hier, im Fifiwäldchen, zahlten sich unsere erlernten Wald- und Wiesenkenntnisse von der Küste, dem Gespensterwäldchen und dem Strand aus.

Hier, zwischen all den Gebüschen und Mauerwerken mit Blick auf den Schulhof traf man die Sittenfifis. Da waren komische Erwachsene, die mal hinter Bäumen, mal hinter Mausoleen lauerten und in entsprechenden Augenblicken vortraten, um sich nackt zu zeigen.

Das traf nicht immer auf Belustigung, schon gar nicht bei den Mädchen. Manchmal hingen die Kerle auch nur rum und beobachteten die Schulkinder. Zwischendurch wurden die Sittenfifis mal vertrieben, verhauen oder auch verhaftet.

Aber so richtig losgeworden ist man sie damals nie. Von denen fühlten wir kleinen Männer uns jedoch nie wirklich bedroht. Das war eher unser Spiel, diese Leute aufzustöbern, sie hochzuschrecken und sie wütend zu machen. Aber so ging es nicht jedem von uns, vor allem den Mädchen nicht. Einige hatten mit den Erlebnissen schon zu schaffen und vertrauten sich den Lehrern oder ihren Eltern an.

Mit meiner Einschulung war ich schließlich Jungpionier geworden und jetzt, in der vierten Klasse, stieg ich auf und wurde Thälmannpionier und sehr schnell Agitator. Darüber muss ich nicht viel erzählen, außer dass ich hinter der Sache stand und mich dort engagierte. Einen guten Teil des sozialistischen Gedankengutes hatte ich von meinem Vater mitbekommen, der einer der Männer der ersten Stunde in der SED gewesen ist.

Neben dem Jähzorn und den cholerischen Anfällen, hatte ich auch die Überzeugung zum Klassenkampf von ihm geerbt. Gibt es vielleicht einen direkten Zusammenhang zwischen Zorn und Sozialismus?

Ich entdeckte an mir auch einen enormen Gerechtigkeitssinn. Besonders ausgerichtet auf das Gesellschaftsgut.

Ich kann mich noch sehr gut erinnern, wie wir einen Familienausflug nach Berlin machten. Dieses Ereignis war immer einer der großen Tage im Jahr. Leider wurde die Fahrt dann gestört, als wir in eine S-Bahn einstiegen. Wie es öfter einmal vorkam, war der Fahrkartenautomat im Zug leer. Mein Vater wollte dann, ohne zu bezahlen, weiterfahren. Aber ich habe so einen Aufstand angezettelt, dass die ganze Familie aussteigen musste, um sich die Karten im Bahnhof zu lösen. Ich war stolz, dass ich das Volkseigentum so gut vertreten hatte und meine Familie davor bewahrt hatte, sich am volkseigenen Betrieb durch einen Betrug zu vergehen.

So verflogen die Tage zwischen Flucht und Sieg, Freude und Traurigkeit, Bangen und Hoffen und mit Liebe.

Ach Sabine! Sabine, du und deine blaue Flokatijacke. Wie habe ich dich geliebt. Zumindest in dem Augenblick, in dem du mich in dem Wäldchen geküsst hast. Du warst die Erste. Was war ich aufgeregt. Wie alt waren wir? Zehn oder elf? Ich weiß es nicht mehr so genau, aber die Süße des Augenblicks trage ich heute noch in mir.

Da trafen wir uns im Wäldchen. Ich dachte mir schon, dass ich auf dich einen Eindruck gemacht hatte, so als Raufbold der Schule und als der Kerl, der dir ab und zu ein Stück warme Streuselschnecke mitbrachte – wenn das Stück auch nicht allzu groß gewesen ist.

Und du hast mich so verlegen angeguckt, als ich ein wenig vorsichtig deine Hand genommen habe. Da habe ich für einen Moment geglaubt, dass ich ein richtiger Hirsch bin. Dann hast du das Ruder in die Hand genommen, du Luder. Eigentlich wollte ich nur mit dir dort spazieren gehen, was für mich schon verwegen genug war. Du aber hast den Arm um mich gelegt. Wäre das nicht eigentlich mein Part gewesen?

Als dein Gesicht immer näher an das Meine herankam, habe ich geglaubt, dass mir der Atem stehen bleibt. Da war es ja einfacher, sich mit drei Jungens zu prügeln. Dein Mund wurde immer größer, der Wind rauschte in den Bäumen und du hast so gut geduftet. Oder war es der Wald. Ich habe einfach ergeben die Lippen gespitzt und die Augen geschlossen. Peng! Dann haben deine Lippen meinen Mund berührt und ich habe gedacht, dass ich sterben muss.

Zuerst habe ich nicht begriffen, was passiert, als du dich mit deiner Zunge nass und unbeherrscht zu meinen Zähnen vorgearbeitet hattest. Aber dann habe ich es begriffen oder ich war zu schwach, die Zähne länger zusammenzubeißen. Er war toll, mein erster Zungenkuss. Sabine, wie gerne würde ich wissen, woher du damals schon so gut Bescheid wusstest. Du warst die Erste und das wird immer so bleiben. Sabine, meine Pamela Anderson, und ihre blaue Flokatijacke im Fifiwald.

Es war die Zeit des Erwachens und neuer Erkenntnisse.

Da brach ich mir den Arm, weil ich im Trainingsanzug über das hohe Gitter auf den Bolzplatz klettern wollte. Kaum die scharfen Spitzen überwunden, blieb ich hängen und machte einen Köpper nach vorne. Instinktiv streckte ich die Arme nach vorn, um mich auf dem Erdboden abfangen. Aber aus einer Höhe von ungefähr fünf Metern bleibt das nicht ganz konsequenzlos. Bamm, durch war der Arm.

Oder aber das Fahrstuhlsurfen im Hochhaus am Vögenteichplatz. Das hatte es auf jeden Fall in sich. Rein in die Kabine, die Deckenluke geöffnet und rauf auf das Dach der Fahrkabine. Bis dahin schlug einem das Herz bis zum Halse. Wir dachten, dass der eigentliche
Hit noch kommen musste. Aber wenn man erst einmal auf dem Dach der Kabine kauerte, war das größte Abenteuer schon vorbei. Ich glaube, die Gefahr des Erwischtwerdens war spannender, als die Fahrt auf der Kabine selbst.

Trotzdem, für mich bedeuteten diese Fahrten immer wieder eine Begegnung mit meinen Urängsten. Zum einen der Höhenangst und gelegentlich das Zusammentreffen mit diesen achtbeinigen Viechern.

Irgendwann, in meiner bis dahin verlaufenen Kindheit, hatte ich einen Film aus den 50-ern gesehen. Entweder Arachnophobia oder Tarantula, ich weiß es nicht mehr. Auf jeden Fall war es ein Streifen mit einer ungeheuerlichen Spinne gewesen, die mir teilweise auch heute noch im Gehirn sitzt. Die Begegnungen mit diesen Lebewesen bringt mich jetzt nicht mehr unbedingt in Panik, lässt aber mein Herz noch immer schneller schlagen. Und ich kann ihnen, bei meiner Leidenschaft für die Natur, nicht aus dem Wege gehen. Wenn mich dann eine in erwartungsvoller Haltung, aus dem Spülbecken in der Küche angrinst, bin ich froh, wenn jemand da ist, der ihr Beine, alle acht, macht oder sie, eingewickelt in einem Tuch, an die frische Luft setzt.

Ja, ich merkte es, ich wurde alt. Meine Interessen wurden ernsthafter und zielorientierter. Ich sammelte nicht mehr nur die leeren Alkoholflaschen meines Onkels, die dieser von seinen Seefahrten als 1. Offizier bei der Handelsmarine mit nach Hause brachte.

Ich war auch „Hansa Rostock" Fan. Als Onkel Horst einmal von einer Seefahrt heimkam, ging er mit mir zum Hafen in den Seemannsshop und kaufte mir eine Dreiklangfanfare. Damit war ich der absolute Chef in der Fankurve. Danke Onkel Horst.

Meine Entwicklung ging weiter, ich begann mein Augenmerk auf die Literatur zu richten und legte eine gut sortierte Sammlung von Donald Duck Heften an. Der technische Teil meines jungen Gehirns richtete sich an einer TT Modelleisenbahn aus und so gewann ich Stück für Stück einen Überblick über die wirklich wichtigen Dinge im Leben. Ich war geküsst worden, war ein Raufbold und besaß, außer leeren Flaschen, auch eine Sammlung begehrter Hefte und eine Eisenbahn. Mit elf Jahren war ich also den Meisten meiner Altersgruppe voraus.

Aber, was ich damals noch nicht wusste, Leben bedeutet Veränderung. Und die begann mit einer solchen Keilerei, wie mein Bruder Kay und ich sie noch nicht erlebt hatte. Und mit einer Senge, wie wir sie noch nie bezogen hatten.

Kay und ich hatten uns zum Spielen auf den Spielplatz in der Wächterstrasse begeben. Vielleicht, um den Gefahren im Fifiwäldchen, auf dem Schulhof oder dem Bolzplatz zu entgehen. Vielleicht aber auch nur, weil es nicht weit von zu Hause war und wir bald wieder heim mussten. Ich weiß es nicht mehr.

Auf jeden Fall betraten wir den Spielplatz und erstarrten. Dort saßen vier bis sechs Jungs aus der achten bis zehnten Klasse.

Noch hätten wir gehen können, aber einem geheimen Kommando folgend, gingen wir weiter auf den Platz und begannen am Gerüst zu klettern und zu spielen. Was uns Knirpse damals, im Alter von zehn und elf Jahren dazu trieb, kann ich nicht mehr nachvollziehen. Sei es nun die Hoffnung, dass wir unbeobachtet bleiben würden oder aber der Impuls, uns nicht verkriechen zu wollen, egal, das Schicksal nahm seinen Lauf.

Nach einiger Zeit drangen die ersten, mir so wohlbekannten, Wortfetzen herüber:

„Dicker … fette Sau … Plumpsack … Schwabbel … Mastschwein…!"

In mir war eine seltsame Mischung der Gefühle. Zum einen spürte ich, wie mir die Tränen der Erniedrigung hochstiegen, zum anderen war es das Augenwasser der Wut, die sich miteinander vermischten. Gleichzeitig klingelte es irgendwo in mir, aber das war ein Signal, was ich damals noch nicht bestimmen konnte.

Die Typen waren inzwischen näher gekommen. Ich wusste genau, heute war alles anders als sonst.

Da war plötzlich dieses unbeschreibliche Ziehen in der Magengrube, das einem die Knie weich werden ließ. Die Hände wurden ein wenig feucht und im Mund sammelte sich ein süßsaures Wasser an. Heute weiß ich, dass es die Anzeichen dafür sind, dass es diesmal schief geht. 1980 aber, da war ich total durcheinander. In meinem Kopf rauschte es so seltsam und ich sah meine Gegenüber nur noch verschwommen, verstand nicht so recht, was sie sagten. Wieso taten die das? Warum ließen sie uns nicht in Ruhe? Was hatten wir ihnen getan?

Meine Hand tastete nach Kay, ich wollte ihn hinter mich schieben.

„Was ist Dicker … Angst … dein bescheuerter Bruder … hau ab du Scheißer … du kleine miese Kröte!" Was
wollten die von uns?

„Du fette Heulsuse … der Dicke läuft aus !"

Hatte ich geweint? Mir war das überhaupt nicht bewusst.

Irgendetwas Feuchtes klatschte mir ins Gesicht. Vor mir war diese grinsende blassfarbige Fresse mit den Sommersprossen. Ich wusste nur seinen Nachnamen – KNABE - .

Aber der brannte sich in meine Seele und in mein Gehirn ein.

Der fremde Mund verzog sich zu einer Grimasse und die Zähne darin hatten eine bräunliche Färbung. Gleichzeitig stieg mir der Geruch von Salmiakpastillen in die Nase.

Dieser große Junge hatte mich angespuckt und seine Bande lachte sich darüber kaputt. Ich fühlte, wie mir die Spucke über das Gesicht rann, meine Lippen berührte und vom Kinn auf die Brust tropfte.

Ich sah, wie er vor sich hin schmatzte und eine neue Ladung in seinem Mund sammelte.

Zorn, Wut, Angst und Verzweiflung ballten sich in meinem Magen zusammen, stiegen blitzartig empor und explodierten in meinem Gehirn, setzten damit die wenigen, naiven Gedanken in meinem Kopf außer Kraft und ließen mich zuschlagen.

Ob ich den Jungen getroffen habe, weiß ich nicht.

An was ich mich noch heute ganz genau erinnere ist, wie mich die ersten Schläge trafen, wie mir die Knie wegknickten, wie die Übelkeit meinen Magen herumdrehte und wie ich am Boden liegend zu Kay sah, der sich ebenso wie ich zusammenkrümmte. Die ganze Bande beteiligte sich jetzt an der Wutattacke gegen uns.

Schuhe im Gesicht, Fäuste auf dem Kopf, an den Ohren, Schuhe in der Magengegend, Tritte in die Eier. Dazu die Schreie von Kay. Oder schrie ich?

Dann war da diese erlösende Wärme, die sich so wohltuend in meinem Kopf ausbreitete. Nichts tat mehr weh. Ich fühlte nur noch die Erschütterungen, wenn man auf meinen Körper einschlug oder eintrat.

„Los, abhauen, da kommt einer."

Die Sommersprossenfresse packte mich an den Haaren, zog mich ein wenig hoch und zischte in mein Ohr:

„Halt die Schnauze, sonst machen wir euch kalt."

Lachend und grölend stob die Bande davon. Das Lachen höre ich gelegentlich noch heute. Der Salmiakgestank und das sommersprossige Gesicht verfolgten mich noch ein paar Jahre.

Es war Kay´s Hand, die ich ein paar Momente später spürte und seine besorgte Frage:

„Alex? Alex?"

Ich glaube, ich stieß nur ein unverständliches Grunzen aus. Blutgeschmack war in meinem Mund und den Unterkiefer konnte ich unter Schmerzen nur ein kleines Stück öffnen. Mein Blick fiel auf Kay und ich erschrak. Sein Gesicht sah reichlich ramponiert aus und die Kleidung war hin.

Wie sollten wir uns so zu Hause zeigen?

Das roch nach erneutem Ärger. Hatten wir doch erst vor kurzem eine Aussprache mit den Eltern darüber gehabt, dass diese ständigen Raufereien mal aufhören müssten.

Erst als ich versuchte aufzustehen, spürte ich, dass ich einiges abbekommen hatte. Nun bekam ich doch Angst, dass Kay und ich ärger verletzt sein könnten als gewöhnlich.

Irgendetwas stimmte im Gegensatz zu den anderen Raufereien nicht. Das hier war bösartig.

Für die vielleicht 50 Meter bis nach Hause brauchten wir gut zwanzig Minuten. Immer wieder blieben wir stehen. Ein paar Mal musste ich würgen, versuchte zu kotzen. Zwischendurch rieben und schoben wir an unseren Klamotten herum, damit man vielleicht zu Hause nichts merkte. Das Sprechen war genauso lustig, wie nach einer Spritze beim Zahnarzt, denn die Lippe war geschwollen und damit im Wege. Aus der Nase lief Blut und langsam wurde eine Beule an der Stirn dicker. Kay sah nicht besser aus.

Wir tasteten vorsichtig im Gesicht herum, als sich die Haut an den Augen seltsam spannte und wir immer weniger sehen konnten.

Als wir so zu Hause ankamen, war das Entsetzen groß. Mutter und Oma waren total aufgelöst und begannen uns zu verarzten. Die Rippenbögen und noch so einige Stellen waren von Blutergüssen überzogen. Hier und da eine Platzwunde und Hautabschürfungen. Es war ein großes Trara. Da saßen wir nun zu Hause in der Küche, gerupft und zerschunden. Mutter eilte mit Waschlappen und Pflaster hin und her.

Mein Vater sah uns lange schweigend an und sagte kein Wort. Keinen Trost und keinen Vorwurf.

Als wir verarztet, bemuttert und verhätschelt im Bett lagen, kam Vater zu uns:

„Jungs, ihr müsst lernen zu kämpfen und zu siegen."

Er hielt uns schnaufend eine flammende Rede, als meine Mutter dazu kam.

Sie lauschte seinen Ausführungen, die in der Schlussfolgerung endeten, dass wir dafür zu sorgen haben, wie wir uns effektiver wehren könnten. Meine Mutter hielt erschrocken den Atem an und merkte, mit dem Hinweis auf die soeben erfahrenen Verletzungen an, dass es ja wohl bisher schon genug Unheil gegeben habe.

Vater aber war in seinem Element. Er war selbst ein Kämpfer und unerschrockener Mann. Er berauschte sich zusehends an dem Gedanken, dass seine Söhne Kampfsportler werden sollten. Das Feuer hatte er entfacht.

Dann ging er wieder. Die nächsten Tage verliefen friedlich. Unsere Peiniger ließen uns nun in der Schule zufrieden. Ab und zu sahen sie zu uns hin, legten den Zeigefinger auf ihren Mund und ballten gleichzeitig mit der anderen Hand eine Faust. Nur „Sommersprosse" grinste ab und zu und spuckte aus. In diesen

Momenten spürte ich Hass, aber der Kerl war zu groß, zu stark, zu schwer.

RAUS AUS DEN KINDERSCHUHEN

Mir war klar geworden, dass Vater Recht hatte. Kämpfen konnte man lernen. Heimliche Bewunderung hatte man ja sowieso für die Sporthelden der Nation. Zugesehen habe ich dann in den verschiedenen Bereichen, wie Boxen und Ringen, fand aber keinen Zugang.

Aber dieser Gedanke, Kämpfen zu lernen, ließ mich nicht los und begann meine Zeit immer mehr in Anspruch zu nehmen. Ein paar Wochen nach dieser Niederlage auf dem Spielplatz, fiel mir ein Zeitungsartikel über Dietmar Lorenz in die Hände, den ich verschlang. Bestimmt habe ich damals nicht alles begriffen, aber Dietmar Lorenz wuchs in meinem Herzen zu einem Ritter in goldener Rüstung auf einem weißen Pferd. Er hatte die Welt besiegt, war 1980 als Halbschwergewichtler bei den Olympischen Spielen in Moskau, in der „Offenen Klasse" Goldmedaillengewinner geworden. Er hatte im Finale den zwölf Kilo schwereren Angelo Parisi aus Frankreich besiegt. Er war der bisher erste und einzige Judoka, dem das als Halbschwergewichtler in der „Offenen Klasse" gelang.

BANG!

Der ERSTE – der EINZIGE – der BESTE – der GOLDMEDAIL-LENGEWINNER –

Diese Worte hämmerten in meinem jungen Gehirn und setzten sich fest. Damit stand fest, dass Judo der Schlüssel zum Weg aus der Erniedrigung und der Niederlagen sein würde.

Mit Judo konnte ich in eine neue Welt einsteigen und mich aus der Masse erheben und ihr entkommen.

Als ich den Zeitungsartikel beiseite legte, stand mein Entschluss fest:

„Ich werde Judoka."

Schnell gelang es mir, auch Kay davon zu überzeugen. Bei meinem Vater rannte ich damit sowieso offene Türen ein. Ich muss wohl dermaßen entschlossen gewirkt haben, dass er Kay und mir ohne Umschweife einen Judoanzug kaufte und uns zum Probetraining bei der HSG (Hochschulsportgemeinschaft) Rostock anmeldete. Kaum konnte ich den Tag abwarten, aber dann ging es endlich los.

An diesem Dienstag im Jahr 1980 fuhr mein Vater Kay und mich zum Dojo in der Tierfelder Strasse.

Schon immer war das Gebäude für uns von einem Mythos umgeben gewesen. Dort waren ganz eigenartige Menschen, denen jeder mit Bewunderung und Achtung begegnete. Aber so richtig hatten wir das nie begriffen.

Mein Vater verabschiedete uns mit den Worten:

„Dann macht mal", und fuhr davon, ohne mit hinein zu gehen.

Und jetzt standen wir vor dem Gebäude. Unsere Sporttaschen vor die Brust gedrückt und wagten nicht, den ersten Schritt zu tun. Doch zu meiner Überraschung wich die Beklemmung je näher wir der Eingangstür kamen. Die Tür öffnete sich mit einem kurzen Quietschen und wir standen in einem langen Gang, der mit Linoleum ausgelegt war. Die Wände waren von einem seltsamen Graugrün und es hingen Bilderrahmen daran. Von der schmutzigen Decke strahlten ein paar Neonröhren ihr kaltes Licht herunter.

Es dauerte ein paar Augenblicke, bis uns ein kleiner, fast viereckiger Mann entgegenkam. Er war höchstens gerade mal so groß wie ich. Seine flinken Augen huschten für einen Moment über Kay und mich. Er wirkte auf mich wie ein Terrier. Gedrungen, stabil und zäh. Er hatte etwas von dieser Hunderasse und strahlte Wendigkeit und Biss aus. Gleichzeitig hatte er etwas Kontrolliertes, Beherrschtes, fast Militärisches.

Während ich die Gestalt beobachtete, sog ich den seltsamen Geruch ein, der hier in der Luft lag.

Er hatte was von Stall, Waschkaue und Küche. Irgendwo knallte etwas auf die Erde, dann erklang ein raues Lachen.

Der kleine Mann zeigte eine Treppe hinunter:

„Dann mal runter mit euch. Zieht euch um und kommt in die Halle."

Mit den letzten Worten zeigte er den Gang hinunter, an dessen Ende eine Tür aufstand

Kay und ich stiegen die Treppe vorsichtig hinab, noch alles mit großen Augen erforschend. Unten stießen wir eine Tür auf, zu einem Raum mit mehreren Bänken und schmalen Eisenschränke. Kay und ich sahen uns an, zuckten mit den Schultern. Das war ja fast wie in der Sporthalle der Schule. Ein wenig wich die Scheu und schnell hatten wir uns den neuen Judoanzug angezogen.

Oben angekommen machten wir uns auf den Weg in die Halle. Außer uns waren noch ungefähr fünfundzwanzig andere Jungendliche und Männer anwesend. Einige machten ein paar Übungen, bei denen sie sich dehnten oder streckten. Ein paar zogen sich an den Anzügen und wieder andere saßen in sich gekehrt auf dem Boden.

Der kleine, eckige Mann erschien wieder:

„Nun stellt euch da vorne auf. Sortiert nach Gürtelfarben. Von weiß an aufwärts."

Das war einfach, dauerte aber ein paar Augenblicke.

Verstohlen beobachtete ich die Gesichter derjenigen, die schon andersfarbige Gürtel trugen und nicht so einen weißen wie Kai und ich.

Aber ich konnte nichts Besonderes in ihnen erkennen. Ein wenig Enttäuschung beschlich mich. Die sahen alle ganz normal aus. Vielleicht schwand in diesen Augenblicken auch ein wenig die Angst vor einem möglichen Gegner. Wenn das so war, dann aber unbewusst.

„Für euch beide", er sah zu uns,
"Mein Name ist Manfred Sinnhöfer. Ich bin der Trainer oder auch Sensei. Herzlich Willkommen."

Ich wurde ein wenig rot, weil es mir vorkam, als sehen alle die Neuen an. So ein wenig war es das Gefühl, als wenn man in eine neue Schule kam. Der Neue ist immer der Doofe und kann nichts.

Dann kam Sensei Sinnhöfer zu uns:

„So, ihr kennt das ja vom Schulsport. Vor dem Sport muss man sich warm machen. Also erst einmal ein paar Hallenrunden laufen." Sein Blick blieb an mir hängen und wurde eindringlich.

„Häng dich mal rein, Dicker, so ein kräftiger Kerl ist hier richtig."

Das hörte sich ganz anders an, wie all die Jahre vorher, in denen man mich Dicker genannt hatte. Dicker schien hier eher eine positive Bedeutung zu haben. Welch eine Erfahrung, welch ein Beginn. Da war ich dem Trainer zum ersten Mal dankbar und verpasste prompt den Start. Ich stolperte ein wenig, als Kay gegen mich lief, reihte mich dann sofort in die Schlange der Trainierenden ein und drehte meine ersten Runden Lauftraining beim Judo. Jetzt war ich also wirklich dabei.

Wir sind vielleicht vier oder fünf Runden gelaufen und ich war schon ein wenig ins Schwitzen gekommen. Das lag aber vielleicht auch daran, weil ich die Atmung unterdrückt hatte, um nicht so zu schnaufen.

Manfred Sinnhöfer kam mit einem etwa 20-jährigen zu uns rüber, der einen blauen Gürtel trug. Er wies zu uns:

„Zeig ihnen mal, wie man richtig fällt."

„Manni" wie wir den Trainer später nannten, dreht sich um und liess uns mit dem Blaugurt alleine.

Zuerst machten wir ein paar Armkreisel, Rumpfbeugen und Hüftdrehungen.

Was folgte waren die Übungen Seitfall, Rückfall, Vorwärtsfall, Rolle vorwärts und rückwärts.

Das lag mir. Ich fühlte mich wohl dabei. Schon nach ein paar Einheiten wurden die Anweisungen und Belehrungen vom Blaugurt weniger. Bis er nur noch Kommando gab.

„Seit – Rück – Vorwärts! Rolle vor – rück".

Toll, dachte ich, so einfach ist Judo. Auch Kay kam hervorragend damit zurecht.

Blaugurt ging nach ungefähr dreißig Minuten hinüber zum Trainer und tuschelte mit ihm.

Ach du Scheiße, durchzuckte es mich, was hatte ich nun wieder angestellt. Ich war mir keiner Schuld bewusst. Die beiden Männer kamen zu Kay und mir.

Aber ich hatte nichts angestellt. Wir begannen nun mit dem eigentlichen Training. Die erste Technik in meinem Judoleben war SeoiNage, der Schulterwurf.

Um es besonders deutlich zu machen, wurde ich von dem Blaugurt ein paar Mal geworfen. Aber das, vielleicht weil wir vorher das Fallen geübt hatten, machte mir nichts aus. Geschmeidig kam ich immer wieder schnell auf die Füße.

Dann war die Reihe an mir.

Sechs, sieben, achtmal und mehr probierte ich die Technik und es wurde von mal zu mal besser. Den Gegner an der Jacke fassen, ein wenig hin und her schieben. Dann plötzlich zu ihm hin, eindrehen und seinen Schwerpunkt unterlaufen, um ihn mit dem Zug eines oder beider Arme über die Schulter nach vorne abzuwerfen.

Ich war begeistert. Das Eindrehen mit dem gleichzeitigen Vorbeugen und Unterlaufen kam explosiv aus mir heraus, als würde ich es schon immer so machen. Und stände nun nicht mit elf Jahren zum ersten Mal auf einer Judomatte.

Ein Glücksgefühl durchzog mich. Hier wurden mir mein Gewicht und meine Stärke zum Vorteil.

Manfred Sinnhöfer nickte beifällig. Wieder und wieder musste ich die Technik machen. Hier und da verbesserte er noch Kleinigkeiten. Er probierte noch das Eine oder Andere aus.

Zu schnell verflogen eineinhalb Stunden mit diesem Training. Aber nichts hätte mich stolzer machen können, als die Verabschiedung von Manfred Sinnhöfer:

„Mann, Dicker, du hast ein wahnsinniges Bewegungsgefühl. Da kann was draus werden."

Wie sehr mir diese Worte damals in den Ohren dröhnten.

Ja, mich gelegentlich heute noch motivieren.

Tja, der Dämpfer folgte auf dem Fuße. Im Keller, in der Umkleide, lernte ich die nächste Lektion im Judo. Hier richtet sich alles nach einer Hackordnung. Gürtelfarbe, Dan und Titel. Von daher waren Kay und ich an der untersten Stelle der Rangfolge. Also hatten wir keinen Anspruch auf einen Sitzplatz, auf bestimmte Ablagen im Raum oder gar Waschen bevor die anderen fertig waren. Erklärt wurde uns das eindringlich mit den Begriffen wie Respekt, Achtung und Disziplin. Aber gut, es hat uns nicht geschadet.

Ich hatte Blut geleckt und stürzte mich nun voller Begeisterung in diesen neuen Abschnitt. Fünf bis sechs Tage in der Woche quälte ich mich nun beim Judotraining. Und wenn ich „quälte" sage, dann meine ich auch quälen. Gequält zu werden ist schon hart, aber sich selbst zu quälen ist die Steigerung.

Spagat zum Beispiel. Ich habe es damals nicht eingesehen, wofür der gut sein sollte. Wollte ich denn Turner werden? Aber es gehörte dazu. Ob man mir nun die Beine gewaltsam auseinander zog oder sie streckte, es war eine Tortur. Aber sie musste sein. Kay kam, weil er jünger ist, in eine andere Trainingsgruppe. Aber dort ging es genauso her.

Ausdauertraining. Athletik. 1.500 Meter Lauf.

Das große Ziel der Mitglieder beim Training in der HSG war die jährliche Sichtung für die drei großen Sportinternate. Das waren der ASK, der Armeesportklub, der eine Art Schirmherr für das Sportinternat in Frankfurt / Oder war. Dann gab es noch den SC Dynamo Hoppegarten, der unter den Fittichen des Ministeriums des Inneren stand und SC Leipzig, der ein freier Träger war. Das war die große Chance. Man konnte darüber in eines dieser Sportinternate kommen und von da aus ging es zur Olympia-, bzw. Nationalmannschaftssichtung.

Aber dieses Laufen. Gefordert war die Strecke unter sechs Minuten.

Langlauf war mir schon damals, genau wie heute noch, ein Grauen.

Zu gut kann ich mich daran erinnern, wie schon nach der ersten von vier Runden, die Umgebung verschwamm und ich nur noch auf die Bahn starrte. Ich hörte mein Pusten und Keuchen, spürte den langsam ansteigenden Schmerz in der Lunge oder wo der sich, verdammt noch einmal, im Inneren auch entwickelte.

51

Mit jeder Runde verfluchte ich den Speck an mir immer mehr, wenn ich fühlte, dass er sich auf und ab bewegte, wie er an mir zerrte.

Der Atem wurde mir knapp, mein Hals schien zu eng zu sein, um überhaupt noch ein Minimum an Luft hindurch zu lassen.

„Dicker, lass dich nicht hängen. Du bist hinter der Zeit."

Irgendwie dröhnten diese Worte durch das Rauschen in meinen Ohren.

Leck mich doch am Arsch, ging es mir durch den Kopf, ich fall doch sowieso gleich um.

Aber der Gedanke an das Ziel, was es zu erreichen galt, hielt mich aufrecht. Die Füße klatschten nur so auf die Aschenbahn. Mit jedem Schritt ebbte eine Erschütterungswelle durch mich, brachte meinen Atemrhythmus durcheinander. Ich versuchte zu schlucken, aber der Hals war einfach zu trocken. Meine Füße schienen sich zu kleinen steifen Brettern verwandelt zu haben. Ich hatte das Gefühl, dass sie einfach abbrechen.

Und dann diese Stiche in den Knien. Die waren es dann, die mir die Tränen in die Augen trieben. Ich weinte vor Schmerz.

So lief also dieses elfjährige fette Kind seine Runden in der eigentümlichen watschelnden Art. Es hielt sich zwischendurch die Seiten und das Gesicht war puterrot vor Luftmangel.

Ich bekam so manchen mitleidigen Blick. Aber das war nur die äußerliche Sicht der Dinge. Wollte ich jemals durch die Sichtung kommen, musste ich diesen 1.500 Meter Lauf packen. Und so fasste ich nach den absolvierten Runden, noch ausgepumpt und vollkommen fertig im Gras liegend, den Entschluss, wieder zu laufen.

Mein Gott, wie viel Extrarunden bin ich gelaufen und habe mir anschließend die Füße massiert und die Knie mit Antischmerzsalbe, die Revodina oder so ähnlich hieß, eingerieben. Schweiß und Tränen haben sich vermischt. Oft genug bin ich aus der Straßenbahn ausgestiegen, um irgendwohin zu kotzen. Mir war einfach schlecht. Aber der Gedanke, es langsamer angehen zu lassen oder gar aufzuhören war nicht in Sicht. Ich wusste, dass mich das nicht aufhält. Daran war das Vertrauen von Manfred Sinnhöfer auch beteiligt, der mich, nur zwei Wochen nach meinem Beitritt zur HSG, zu meinem ersten Kampf auf die Matte der Kreisspartakiade schickte.

Dafür hatte ich den Gelbgurt im Schnellverfahren ablegen müssen. Aber mit Manni klappte das schon. Meine Zweifel, weil ich noch nicht einmal das ABC des Judos oder die einzelnen Würfe kannte, wischte er mit:

„Du kannst das!" weg.

Vor dem Kampf saßen die Sportler schon in der Umkleide oder in der Halle zusammen. Auch ich unterhielt mich mit dem einen oder anderen. So erklärte ich einem, der mich fragte, wie lange ich schon dabei sei, dass ich seit einem Jahr Judo mache. Ich dachte mir, dass es peinlich sein muss, wenn man sagen muss, dass man erst vierzehn Tage dabei ist.

Der Schweiß sammelte sich in meinen Achselhöhlen und ich fühlte mich immer schwächer, je näher mein Kampf kam. Als ich dann aufgerufen wurde, habe ich nicht mitbekommen, wie ich zur und auf die Matte kam.

Da stand ich nun meinem Gegner gegenüber, es war derselbe, der mich gefragt hatte, wie lange ich bereits Judo mache. Vielleicht hatte ich mit meiner Antwort bei ihm einen psychologischen Punkt gemacht.

Auf jeden Fall wurde es ein fürchterliches Gezerre. Fred Hartkopf, wie mein Gegner hieß, war darauf bedacht in keine Technik hineinzulaufen. Er konnte ja nicht wissen, dass ich davon noch nicht soviel verstand.

Ich hingegen war bemüht, in ihn hineinzukommen und vielleicht einen Wurf anzusetzen.

Aber es gelang nichts, so sehr ich auch an seinem Anzug zerrte und zog. Der Kampf ging ohne Wertung über die Zeit. Der Kampfrichterentscheid fiel zu Gunsten von Alexander Czerwinski aus, weil er der aktivere Kämpfer war.

Mit schwoll die Brust wie Bolle und in meinem Kopf schwirrten die Gedanken. Ich hatte gewonnen. Ein Gefühl, dass sich mir einbrannte und zur Sucht wurde.

Bei uns zu Hause in der Wächterstrasse erntete ich zunächst ungläubiges Staunen, aber dann brachte es mir viel Lob von der Familie ein. Besonders mein Vater konnte seinen Stolz kaum verbergen.

Auch in der Schule veränderte sich einiges. Mein Sieg im Judo wurde ausgehangen und somit für jeden sichtbar.

So also fühlte sich Respekt und Achtung an. Es war ein unbeschreibliches Gefühl. Auch die älteren Mitschüler wurden nun zugänglicher und gingen mit ihren Verarschungen äußerst deutlich mehr auf Distanz.

All das steigerte meine Verbissenheit, in diesem Sport noch weiter zu kommen, noch mehr an.

Meine Lektion, nie aufzuhören nach Verbesserung zu streben und stets die Achtung vor dem Gegner zu behalten, lernte ich jedoch an ganz anderer Stelle. Es war in diesem Sommer 1980, als ich in den Dünen von Dierhagen meine Kondition mit Läufen und Sprints im Sand verbessern wollte.

Da saß ich verschwitzt und außer Atem im Sand, träumte von großen Siegen und von der Nationalmannschaft der DDR, die ich bei den olympischen Spielen vertreten würde. Es herrschte absolute Windstille und der Himmel überzog sich mit einer bleiernen Farbe, während es gleichzeitig fürchterlich schwül wurde. Um mich zu erfrischen ging ich ins Wasser. Mitten in diese Windstille und diese Schwüle wuchsen die Wellen innerhalb von Sekunden zu riesigen Wasserbergen von zwei bis drei Meter an. Ich wurde ins offene Meer gezogen, schluckte Wasser und verlor den Boden unter den Füßen. Es warf mich um, drehte mich und schüttelte mich. Für Augenblicke verlor ich die Orientierung. Ich fühlte diese unheimliche, alles vernichtende Macht des Wassers und wurde mir bewusst, wie klein ich war. Seltsam, ich empfand keine Angst, sondern nur Respekt. Es war ein minutenlanger Kampf, bis ich wieder soweit am Strand war, dass ich festen Stand hatte.

Plötzlich ließen auch die Wellen wieder nach und die See beruhigte sich. Da wurde mir mit meinen elf Jahren bewusst:

„Fühle dich nie zu stark, nie zu sicher, es gibt immer etwas Stärkeres als du selbst."

Das war mir eine große Lehre und von da an bis heute ist mein Respekt vor dem Wasser geblieben, obwohl ich ein richtiger Wassernarr bin.

Wie verrückt habe ich in dieser Zeit auch an meiner Kraft gearbeitet. Während andere Kinder herumtobten, habe ich schon Gewichte gehoben, Medizinbälle geworfen und Klimmzüge gemacht. Ich spürte, wie ich stärker wurde. Auch eine Erfahrung, die ich nicht missen möchte. Da bewegst du das Eisen und glaubst, es ist deine äußerste Grenze, aber dann erwischt du dich dabei, wie du nach zwei Wochen noch ein paar Kilos drauflegst.

Aber was hat das für einen Willen und welche Anstrengungen gekostet. Hanteln schwingen. Und noch einen Curl und noch einen Curl. Der Muskel ist hart und will nicht mehr gehorchen. Das Gelenk knirscht und die Zähne reiben aufeinander.

Dazwischen schreit wieder eine Stimme:

„Lass dich nicht hängen Dicker."

Und noch einen Curl. Zwing deinen Arm, sich zu beugen. Das Eisen zieht daran und will zur Erde. Deine Sehnen scheinen zu zerspringen und der Bizeps platzt gleich.

„Lass dich nicht hänge. Zieh – zieh – zieh!"

Jetzt ist das Gewicht oben, aber der Schmerz lässt nicht nach. Wieder den Arm strecken. Die Finger krampfen sich um das Griffstück, müssen festhalten, dürfen sich nicht lösen. Und noch einmal ziehst du wie verrückt an der Stange mit den Gewichten. Die Halsadern treten hervor und die Sehnen an deinem Hals spannen sich wie zwei Stricke und drohen zu zerreißen. Die Finger lösen sich und das nasse Metall rutscht ein wenig. Wieder zufassen, umklammern. Dein Schweißgeruch steigt dir in die Nase. Während du das Eisen Zentimeter um Zentimeter nach oben bringst.

„Noch einen – noch einen – los du Pfeife."

Jetzt ist es halb hoch, du kannst nicht mehr. Nur für einen Augenblick. Doch du kannst. Der Schmerz ist jetzt in deinem ganzen Körper und nimmt auch im Kopf Platz. Aber es sind nur noch ein paar Zentimeter. Der Bizeps meldet sich mit einem Krampf zurück und vor den Augen hast du rote Schleier. Es ist oben. „Gut so – gut so. Ausschütteln. Nächster Satz."

Was habe ich es geliebt und was habe ich es gehasst. Dieses Eisen. Aber es hat mich stark gemacht.

Ich wurde süchtig nach Training. An manchen Tagen bin ich zweimal trainieren gegangen. An zwei verschiedenen Stellen. Einmal in der HSG und einmal im TZ (Trainingszentrum). Zwischendurch mit der Straßenbahn eine Stunde Fahrzeit zurück, um bis zum nächsten Training zu gelangen.

Bei Rückschlägen wurde ich immer noch zornig und cholerisch, besonders dann, wenn ich die von mir selbst gesteckten Trainingsziele nicht erreichte. Dann wurde ich schnell wütend und jähzornig.

Sofort dachte ich daran, dass ich mit einer schlechten Leistung nie zu einer Weltmeisterschaft fahren werde.

Dass Wut und Jähzorn zu einer positiven Eigenschaft wurden, hat mich auch verwundert. Waren Aggressivität und Aufbrausen in der DDR-Gesellschaft überhaupt nicht gerne gesehen und sogar von der politischen Leitung verpönt, war es unter uns Kampfsportlern eine Art Kapital und war gern gesehen, wurde sogar gefördert. Man brachte uns bei, dass wir ein wilder Landsknechtshaufen sind. Zusammenhalten ja, aber Landsknechte waren auch Söldner und meistens Egoisten. So begannen wir uns auch mehr und mehr zu fühlen. Wir waren nicht alle die festen Kameraden und Kumpels. Wir waren eine Gemeinschaft von Eigenbrötlern und Individualisten, die sich nur über die Gemeinsamkeit verbessern konnten.

Als Beispiel dafür, dass wir zwar zusammen trainierten, aber sonst nicht kompatibel waren, ist mir Kai Lehmann in Erinnerung geblieben, den wir auch Grottenolm nannten. Der war überhaupt auf keiner der bekannten Wellenlängen der anderen. Kai sah schlecht und war ein Stinker, nie der gleichen Meinung und nicht bereit, sich für die Truppe zu verbiegen.

Umso schöner waren aber die Erfolge bei kleineren Wettkämpfen. In dieser Zeit war mein Angstgegner und ständiger Rivale Wenzel Bürger. Unsere Kämpfe waren schon von einem besonderen Ehrgeiz beseelt. Wenzel hat mir manchen Wutausbruch beschert, wenn er mich in dieser Zeit besiegte, bevor ich ihn 1982 bei der Bezirksspartakiade innerhalb von drei Sekunden bezwang, den ersten Platz holte und damit ein für allemal die Rangordnung herstellte.

Das hat mir gut getan und mir ein unglaubliches Glücksgefühl beschert. Dieses Glücksgefühl beim Siegen, beim Bezwingen eines Gegners ist das Unbeschreiblichste überhaupt. Das ist ein selbstständiger Antrieb und Motor. Deswegen nimmt man all die Qualen und Strapazen auf sich.

Dass ich alles las, was es an Judobüchern gab, versteht sich wohl von selbst. Für Anfänger, für Fortgeschrittene, alles verschlang ich. Das machte auch einen Teil meiner Freizeit aus, die ich fast insgesamt dem Sport unterwarf. Manchmal trainierte ich noch zu Hause, wenn das Training mal ausfiel oder aus anderen Gründen zu kurz war.

Trotzdem gab es auch noch ein anderes Leben. So zum Beispiel die Schule.

Obwohl ich gute Noten schrieb und durch das Judo ein gutes Beispiel gab, passierte mir hier eine Panne.

Ich hielt ein Referat, in dem ich von der dritten Welt sprach. Das war ein Fehler. Obwohl mein Vortrag gut gewesen war, wurde mir diese schlechte Ausdrucksweise angekreidet, denn „dritte Welt" war Westjargon und ich erhielt nur eine Drei.

Auch wurden die Mädchen immer interessanter und vor allem interessierten sie sich auch immer mehr für mich.

Die Spiele, die wir jetzt spielten änderten sich ebenfalls. Wir waren nicht mehr Ritter oder Piraten. Wir waren jetzt Alliierte. Wobei ich, trotz meiner Treue zur DDR, gestehen muss, dass ich am Liebsten den Ami oder den Engländer gegeben habe. Die hatten einfach die cooleren Uniformen und waren lässiger drauf. So stürmte ich zwischen Training und Schule so manchen Hügel, eroberte eine Fahne, während ich als Ami die Russen bekämpfte. Da war ich ein sogenannter Kaugummisoldat. Mann, war das unglaublich cool.

So ging mein erstes Jahr im Judo zu Ende und langsam stellten sich für mich die ersten Erfolge ein. Bald war ich meinen Alterskollegen an Kraft und Technik so überlegen, dass mich Manni Sinnhöfer, der Terrier, zum Training bei den Männern bestellte. In der Schule war ich soweit, dass ich Schwächeren beistehen konnte und gelegentlich den einen oder anderen Älteren in die Ecke warf.

Da hatte ich doch geglaubt, dass ich alles wüsste vom Training und seinen Anforderungen, wie zum Beispiel mit dem Spiel „Oh Fuchs komm aus dem Bau". Das kam immer dann zum Tragen, wenn man eine Trainingsübung nicht gekonnt oder aber nicht nach den Wünschen des Senseis vollbracht hatte.

Man musste den Oberkörper entkleiden und auf einem Bein hüpfen, während der Rest der Truppe einen solange mit den Gürteln verprügelte, bis man einen der anderen abgeschlagen hatte. Das wurde gelegentlich durch die „Gasse" ersetzt. Hier musste man mit dem freien Oberkörper durch das Spalier der Sportkameraden laufen, während diese auf einen einprügelten. Da wurde keiner verschont.

Selbst ließ man den Gürtel auch tanzen, wenn man nicht derjenige war, der es erleiden musste. Und ehrlich gesagt, es hat Spaß gemacht, jemanden den Buckel zu verschwarten. Ich hab da immer kräftig hingelangt. Es ist wie so oft im Leben, man muss am richtigen Ende des Gürtels sein.

Was sollte mir bei den Männern also noch passieren.

Oh, du naiver Junge. Was mich da erwartete, hat mich nicht nur an eine neue Grenze gebracht, sondern manchmal auch darüber hinaus. Noch heute spüre ich die Runden im Entengang in meinen Knien, in meinen Fußgelenken. Ich bin mir sicher, dass sie damals ihren ersten Knacks bekommen haben. Die Hände verschränkt am Hinterkopf, den Oberkörper aufrecht und die Beine in den Knien abgeknickt. Vorwärts, vorwärts. Die Hüfte schmerzt und die Leiste droht entzwei zu gehen. Weiter, weiter. War man nicht schnell genug, gab es auch schon mal was in den Nacken. „Los Dicker, los. Halt nicht den ganzen Verein auf!" Weiter im Entengang.

Zwölf Jahre war ich nun alt und beugte, drückte und pumpte meinen Körper unter extremer Belastung. Brücken stellen, auf den Hacken und auf dem Kopf.

Ohrfeigen, wenn ich etwas nicht begriffen hatte und manchmal flog einem auch das Übungsmesser aus Holz in die Weichteile, wenn eine Abwehr oder ein Block nicht richtig ausgeführt war.

Hier mal ein Tritt, dort mal eine Überstreckung oder auch ein ausgekugelter Arm. Die Trainingseinheiten waren gnadenlos.

Ich habe immer geglaubt, dass so ein übliches Judotraining auf der ganzen Welt aussieht.

Viel später bin ich dahinter gekommen, dass es am System lag, dass die Trainer danach bezahlt wurden, wie viele ihrer Schützlinge von der KJS (Kinder- und Jugendsportschule) vom ASK (Armeesportklub) aufgenommen wurden. Je mehr von uns die jährlichen Sichtungen schafften, desto mehr Geld wanderte in die Taschen der Trainer. Aber das war mir damals nicht bewusst.

So war ich bemüht, all diese Anforderungen zu erfüllen, ja, sie sogar zu übertreffen.

Manfred Sinnhöfer habe ich das auch niemals übel genommen, denn er hatte mein Talent wirklich erkannt und es stets gefördert. Kaputt gemacht hat er mich auch nicht, sonst würde ich nicht noch mit 38 in den Ring steigen können. Manni wird immer meinen Respekt und meine Loyalität haben.

Aber es gab noch viele andere Trainer und es gab unzählige Jugendliche, die an dem Training kaputt gegangen sind. Physisch wie psychisch. Und für die, musste das hier einmal erwähnt werden.

Jetzt bei den Männern trainierten wir auch die „Japanischen Runden". Das bedeutete, dass ein Kämpfer in die Mitte der Matte musste. Minutenweise wechselte sein Gegner und er kämpfte so lange, bis er ausgepumpt und erledigt liegen blieb. Ohne Puste und mit Kreisen vor den Augen, versuchte man wieder auf die Beine zu kommen.

Wie oft habe ich meine Finger nicht mehr gespürt, die ich immer wieder in die raue Jacke meiner Trainingspartner krallen musste. Kaum bekam ich noch die Finger krumm. Die offenen Stellen, an denen die Haut runter war, schmerzten:

„Halt fest, verdammt noch einmal, halt fest, Dicker", brüllte es dann von der Seite her.

Festhalten, klammern, wenn der andere mit Muskelkraft und seinem Gewicht daran herumzerrt. Dazu noch auf einen Angriff achten und einen Eigenen starten. Stunden um Stunden, Tage um Tage, immer wieder dieselben Griffe. Was taten mir die Fingergelenke weh. Tagsüber in der Schule war ich oft froh, wenn ich nicht schreiben musste.

Das ging soweit, dass der Trainer meine Hand einmal an der Jacke meines Gegners festband. Wenn ich da losgelassen hätte, hätte es mir den Arm ausgekugelt.

Und verflucht, seitdem beherrsche ich diesen Griff und habe bei dieser Technik nie wieder losgelassen. Aber wie vielen hat es den Arm ausgekugelt? Das steht nirgendwo.

Medizinball an die Wand werfen. Die Arme schmerzen und die Schultern sind taub. Wieder und immer wieder.

Medizinball mit dem Bauch abfangen. Wieder und wieder, auf dem Rücken liegend, die Arme im Nacken verschränkt und der Trainer steht auf einem Kasten, hebt diese schwere Lederkugel und – rumms – knallt sie mir auf den Bauch. Aufpassen, konzentrieren, im richtigen Augenblick ausatmen und die Muskeln anspannen. Dann prallt er ab, um wieder hochgehoben zu werden.

Aber wehe, wenn du einmal nicht aufpasst, dann presst er dir die Organe zusammen, nimmt dir die Luft und es wird dir schwarz vor den Augen.

Oder, wenn er dir zum soundsovielten Mal auf die Bauchdecke prallt, dann schmerzen die Bauchmuskeln und entkrampfen sich nicht mehr. Du weißt überhaupt nicht, ob du sie angespannt hast oder nicht. Der Schmerz kommt nicht mehr vom Ball, er kommt jetzt aus dem Muskel.

Komm Trainer, was ist, mach nicht schlapp. Schmeiß noch mal. Und noch mal. Mir wird schwarz vor Augen.

„Steh auf Dicker, liegen bleiben kannst du später. Eine Runde Entengang. Hopp, hopp, hopp!"

Aber die Angst holte mich ganz woanders ein. Sie kam beim PCK (Petrol Chemisches Kombinat) Pokal 1980 in Schwedt. Da war ich das erste Mal über Nacht von zu Hause weg und auf mich allein gestellt. Wir schliefen auf Matratzen in einer Schule. Und da, des Nachts, lag ich mit offenen Augen in der Dunkelheit und starrte vor mich hin. Hörte auf all die fremden Geräusche und dachte an die Wächterstrasse, an Oma, an Mama, an Vater und an Kay. Die waren soweit weg. Und ich fühlte eine Angst, sie nie wieder zu sehen. Wenn mir hier etwas passierte, dann waren sie nicht da. Keiner der mir half, keiner der mir über das Haar strich und niemand, der mir zehn Pfennig für eine Streuselschnecke in die Tasche schob. Und trotz der ganzen Mannschaft und aller Betreuer, war ich so allein unter der dünnen, harten Decke. Nur nicht bewegen, dann werden die Schatten der Nacht nicht aufmerksam auf mich.

Aber auch das habe ich überstanden. Und das Beste war, es hat niemand gemerkt.

Meine Trainingsleistungen wurden immer besser. Ich wurde kräftiger und selbstbewusster. Schon jetzt war meine Beteiligung beim Erwachsenentraining nicht nur auf Flugübungen beschränkt.

Mein Talent war auch den Sportkameraden nicht verborgen geblieben und ich bekam hier und dort einige Anleitungen nebenbei. Ein paar Kniffe zeigten sie mir, die man nur in der Praxis bekommt. So zum Beispiel den Bowlinggriff. Den kann man besonders im Bodenkampf einsetzen. Dabei greift man sich die Eier des Gegners und stößt ihm gleichzeitig den Daumen ins Arschloch. Da löst jeder Gegner so schnell wie möglich jeden Griff.

Dieses und noch so einige Kunstgriffe lehrten sie mich. Das alles änderte nichts an der Hackordnung, wenn ich mir erlaubte meine Sachen dort aufzuhängen, wo es mir nicht gestattet war, dann gab es immer noch den einen oder anderen Katzenkopf und Nackenstüber.

Ein Jahr trainierte ich nun schon bei den Männern. Aber erst jetzt gelang mir der Griff zu den Sternen. Wieder einmal stand ich auf der Matte und bemühte mich, mehr als nur der Dummy zu sein.

Hier brach das „Bewegungstalent" einmal so richtig aus mir heraus. Es stimmte die Stunde und der Moment. Ich konnte eine Angriffstechnik meines Gegners lesen. Als er voll einstieg, habe ich sie instinktiv antizipiert, um sie mit Ko-soto-gake, einer Fußtechnik, zu kontern.

Mein erster Erwachsener fiel. Es war wie eine Befreiung, obwohl kein Applaus von den Trainingskollegen kam. Aber wohlwollende Blicke ruhten auf mir. Ich glaube, die Sportkameraden haben in diesem Augenblick eher als ich erkannt, dass es eine einwandfrei durchgeführte Kontertechnik gewesen ist. Mir selbst war das nicht so sehr bewusst. Einmal mehr ein Beweis für die alte Judoweisheit:

„Wenn du jemanden geworfen hast und weißt nicht wie, dann war es richtig!"

Mein Trainingspartner verließ die Matte schweigsam und ohne Verabschiedung. Er war sichtlich angepisst. Ein Zwölfjähriger hatte ihn geworfen.

Was soll's, das konnte meine Freude nicht mindern. Von nun an wusste ich, wie man Bewegungen lesen und fühlen konnte. Ich hatte die nächste Stufe erreicht, wurde angriffslustiger und experimentierfreudiger.

Mit Riesenschritten ging es nun auf die Sichtungen des ASK zu. Konnte man wirklich noch an mir vorbei?

Ich wollte mit jeder Faser meines Herzens zum ASK. Das bedeutete mir damals alles. Ob ich nun in die KJS (Kinder- und Jugendsportschule) nach Berlin, zum SC Dynamo Hoppegarten (der Mielke Verein), zum SC Leipzig oder aber nach Frankfurt / Oder käme, war dabei zweitrangig.

Im Jahr 1981 hatte ich Meilensteine gesetzt. Mit meinen zwölf Jahren gewann ich einige der bedeutendsten Wettkämpfe für meine Altersklasse. Zudem bekam ich noch einmal einen Wachstumsschub und auch meine Muskeln reagierten außerordentlich positiv auf mein Training.

Ob nun vom Chef des Deutschen Turn- und Sportbundes, Herr Funke, oder aber von der Rostocker Sportführung gefordert, von ganz oben wurde kein Interesse signalisiert.

Obwohl Vater, Geburtsjahr 1938 und ein überzeugtes, aktives Parteimitglied, einige der Herren kannte, wusste auch er keine Antwort auf das Desinteresse.

Ich war geschockt und konnte es lange Zeit nicht fassen. Gerade, weil ich den Verbandspokal gewonnen hatte, der alles an Anforderungen gestellt hatte, was man sich in Athletik und Wettkampf vorstellen konnte. Ich war der Beste gewesen.

Das nagte an mir. Aber mein Ehrgeiz wurde nur umso größer.
Aber kann man noch besser als der Beste werden?

Ich erinnerte mich an mein Erlebnis in den Wellen und machte mich daran, meine Leistung zu steigern.

Zugleich engagierte ich mich noch mehr in meiner Aufgabe in der Jugendorganisation der DDR. Mein Glauben an die Evolution wuchs, die bei mir hieß: Kapitalismus – Sozialismus – Kommunismus.

Mein Berufswunsch war zu dieser Zeit, Soldat zu werden und es bis zum Berufsoffizier bei der NVA zu schaffen.

Dass die DDR die Guten waren und der Westen die Bösen, das lag ja auf der Hand. Denn wer Kartoffelkäfer auf die Ernte der DDR abwirft um sie zu verderben, der konnte einfach nicht gut sein. Und dass der Westen das tat, das hatte man uns mitgeteilt.

Mit dem Blick auf die nächste Sichtung, verloren sich auch einige der unschuldigen Spiele, die ich noch hatte. Ich ging weniger mit Kay mit Schwimmflossen und Schnorchel auf Bernsteinsuche, was uns immer große Freude bereitet hatte. Spärlicher wurde auch das Lichtkegelspringen, was wir so oft gespielt hatten.

Dabei musste man durch die Lichtkegel der Scheinwerfer von den Wachtürmen am Strand springen, wenn bereits Sperrstunde und damit das Betreten verboten war.

So verschoben sich nach und nach meine Prioritäten, ohne dass es mir besonders bewusst wurde. Ich war besessen und steuerte auf die nächste Sichtung zu. Mein Training steigerte ich dermaßen, dass mich der Trainer oder meine Eltern ein um das andere Mal bremsten.

Obwohl ich mich sehr disziplinierte, was mir gar nicht leicht fiel, kam eine erneute Bedrohung von einer völlig anderen Seite.

Zu dieser Zeit hatte ich eine glühende Verehrerin, Katrin Viereck. Sie schrieb mir derzeit glühende, pornografische Liebesbriefe, worin sie es an Deutlichkeit nicht mangeln ließ. Schwanz und Fotze gehörten zu dem üblichen Schriftstil und sie ließ auch keinen

Zweifel daran, wo diese beiden Dinge hingehörten. Das Lesen brachte manchen feuchten Traum oder auch manche Selbstbefriedigung. Dabei waren diese Briefe reine Fantasien, wir sind nie miteinander gegangen. Trotzdem, solche Dinge konnte man natürlich nicht unbeobachtet rumliegen lassen. Sicherheitshalber nahm ich die Briefe auch auf eine Klassenfahrt mit, um ein Auge darauf zu haben.

Auf die Briefe habe ich geachtet, aber nicht auf den Beutel, in dem sie waren, den habe ich liegen gelassen. Leider auch mit meinem damaligen Anglerausweis. So war es nicht verwunderlich, dass der Beutel mit Inhalt beim Deutschen Anglerverein landete. Meiner Oma konnte ich alles anvertrauen und so war sie es, die den Brief an meine Eltern abfing.

Chef des Anglervereins war ein privater Schuhmacher in der Parkstrasse von Rostock.

Was ein Bekanntwerden der Briefe für Katrin und mich bedeutet hätte, muss ich wohl nicht weiter ausführen.

Oma Käthe-Ottilie fuhr also zu genanntem Schuhmacher und appellierte mit 500 DDR-Mark an seine Loyalität und sein Verständnis für die unreife Jugend.

Der Schuhmacher hatte ein Einsehen, kassierte und rückte den Beutel heraus.

Einige Monate später wurde mir aber erst richtig bewusst, was Oma da für mich getan hatte.

Danke Oma.

Die nächste Sichtung stand bevor.

Und wieder bedeutete das, dass für ungefähr 400 Bewerber zwölf Plätze zur Verfügung standen. Die Prüfungen bestanden aus mehreren Teilen.

Athletik – Bodenturnen – Technischer Teil (Judotechniken) – Kampfteil (Mann gegen Mann); dazu kam die Verbandssichtung mit dem psychologischen Teil und der politischen Prüfung.

Solch eine Sichtung dauert drei bis vier Tage.

Die psychologische Belastung auf alle Kinder und Jugendliche war immens.

Hier wurden schon viele medizinisch aussortiert. Die waren einfach kaputt trainiert worden. Die hier auftretenden Verletzungen und Beeinträchtigungen waren beim Training durchaus gewollt in Kauf genommen worden, denn dort ging es nur um das Auswahlziel. Dafür musste man jede Belastungsgrenze erforschen und sie auch mal überschreiten.

Wer die medizinische, sportliche Prüfung hinter sich hatte, fiel nicht selten durch das politische Raster.

Diese Sichtung zu bestehen, war gesellschaftlich auch für die Familien von großer Bedeutung. Nicht selten entschied es über Ansehen und Weiterkommen mancher Familie, wenn eines der Kinder in den Schulen des ASK aufgenommen wurde. Dieser Druck wurde weitergegeben. Dazu kam der persönliche Ehrgeiz eines jeden Einzelnen.

Im März / April 1982 gewann ich die zentrale Sichtung als Schwergewichtler.

Wobei der von mir gehasste 1.500 Meter Lauf zu einem der Höhepunkte wurde. Ich schaffte die Strecke in meiner Gewichtsklasse mit sensationellen fünf Minuten zehn Sekunden. Gelaufen war ich fast ohne Bewusstsein. Das Gefühl für die Zeit und mein Tempo war ausgeschaltet. Getrieben von der Angst, dem Soll nicht gerecht werden zu können, trieb es mich voran. Ich weiß nicht, ob ich vielleicht sogar eine Runde mehr gelaufen wäre, wenn man mich nicht aufgehalten hätte. Als ich wieder zu mir kam und die Zeit gesagt bekam, konnte ich es nicht begreifen. Auch diesmal mischten sich in den Schweiß ein paar Tränen. Das waren aber Tränen der Erleichterung.

Über meine politische und psychologische Beurteilung machte ich mir keine Gedanken, da fühlte ich mich einwandfrei.

Was also sollte mich aufhalten? Die Antwort kam postwendend vom Ministerium des Inneren, was so viel hieß, wie von der Stasi.

Nein, ich war nicht zugelassen.

Für mich brach eine Welt zusammen. Konnte eine Welt so ungerecht sein? Zum ersten Mal seit Jahren traten Selbstzweifel auf. War ich doch nicht so gut? Aber warum waren mir dann die anderen unterlegen? Da halfen auch die Tränen nichts, die ich danach vergoss.

Meine Trainer und meine Eltern fragten nach, ob es vielleicht ein Fehlurteil sein könnte. Nein, es war kein Irrtum und es lag auch nicht an mir.

Es lag am „Westkontakt".

Meine Mutter pflegte damals noch Kontakt mit ihrem Bruder Klaus, der in Westberlin, in Britz, wohnte. Klaus war bei dem Aufstand am 17. Juni 1953 beteiligt gewesen und hatte im Rostocker Hafen Steine auf russische Panzer geworfen. Als der Aufstand niedergeschlagen wurde, war Klaus bei Nacht und Nebel in einer spektakulären Flucht in den Westen getürmt.

Mit so einer Verwandtschaft war ein dreizehnjähriger Junge, der sein Land glühend verehrte, natürlich kein Aushängeschild, sondern eher noch ein Risiko. Dahinter traten auch die sportlichen Erfolgsaussichten für die DDR zurück. Dass Karl Eduard Schnitzlers Frau im Westen einkaufen ging, fiel wohl nicht in eine solche Beurteilung.

Jetzt war es heraus. Vater sprach mit den entsprechenden Stellen. Es gab noch eine Chance, aber um welchen Preis.

Zwischen Mutter und ihrem Bruder Klaus gab es mal einen gelegentlichen Brief, mal ein Telefonat.

Meine Mutter hatte sich immer aus politischen Sachen herausgehalten, aber nun trat man an sie heran und forderte von ihr eine Erklärung, dass sie jeglichen Kontakt zu ihrem Bruder im Westen abbrechen soll. Einfach so, von jetzt auf morgen.

Damals habe ich es nicht begriffen, was diese Partei für ein Opfer gefordert hat. Und auch heute kann ich es nur ahnen.

Als ob das damit nicht schon genug wäre. Meine Mutter musste auch noch in die Partei eintreten, was sie bis dahin immer vermieden hatte. Doch sie tat diesen Schritt und öffnete uns somit den Weg zur KJS-Delegierung (Kinder- und Jugendsportschule). Mit uns meine ich Kay und mich, der ebenfalls ein außerordentlicher Judoka war und ein Jahr nach mir nominiert wurde.

Im Juni 1982 kam der Aufnahmebescheid und löste in meinem Kopf wilde Stürme und Gefühlsschwankungen von unbekanntem Ausmaß aus. Ich konnte es zunächst nicht fassen.

In der Schule machte ich natürlich voll auf „dicke Hose". Das bedeutet, dass ich in acht Wochen, mit Einschulung in die achte Klasse, nicht mehr an dieser Schule sein würde, sondern im Sportinternat in Frankfurt/Oder.

AUSNAHMEZUSTAND

Ich war einer von den wenigen Auserwählten. Talent und ein Training voller Mühen und Plagen hatten mich dahin gebracht.

Aber halt, das stimmte nicht. Der Opfergeist meiner Mutter hatte mich dahin gebracht, sonst nichts. Mein Training und mein Talent hatten nur die Weichen gestellt.

Alle, die sich mit mir geschmückt haben, die Partei, die Vereine und wer es auch alle waren, die haben nichts dazu getan, dass ich zum ASK nach Frankfurt/Oder konnte. Die Politbonzen sind für meine sportliche Laufbahn nicht einen Millimeter von ihrer Linie abgewichen.

Ich denke, auch das Spüren dieser Dinge, nicht das Wissen, hat viel mit meiner Entwicklung in den folgenden Jahren zu tun.

Meine Hoffnung, dass mir dieser ungeheure Erfolg die Chancen bei meiner damaligen heimlichen Liebe, Susanne Semkat, erhöhen würde, hat sich leider nicht erfüllt. Was habe ich für sie geschwärmt und von ihr geträumt. Geflirtet haben wir, aber dem rotblonden, sommersprossigen Mädchen bin ich nie wirklich nahe gekommen. Nur in meinen Fantasien bin ich Hand in Hand mit ihr durch Rostock gelaufen oder sie hat in den Hallen gesessen, mir zugejubelt, wenn ich auf der Matte meine Siege errungen habe. Heute ist Susanne Lehrerin. Ob sie weiß, was sie damals verpasst hat?

Egal, ich war nun auf dem Weg nach Frankfurt/Oder, dem Mekka für den Jugendsport.

Die Fahrt im blauen Lada nach Frankfurt an der Oder, am 01. Sept. 1982 hatte etwas Befremdliches, fast Unwirkliches.

Ich selbst flog in meinen Zukunftsträumen immer wieder aufs Neue in unendliche Höhen, sah mich als Sportler, als Olympiasieger.

Das gelegentliche Seufzen meiner Mutter holte mich stets wieder zurück. Es war ihr anzumerken, dass es ihr schwer fiel, ihren Ältesten von zu Hause zu entlassen. Mit ihrer übergroßen Liebe hatte sie zwar erst den Weg geebnet, aber nun, Stunden vor der tatsächlichen Trennung, wurde ihr das Herz schwer.

Mein Vater dagegen war sehr gut aufgelegt. Er lachte und scherzte, sprach immer wieder von seinem Stolz auf mich. Er zeichnete Zukunftsaussichten und eine Sportlerkarriere auf.

Kay wiederholte des Öfteren, dass er auch auf dem Wege war, mir nachzufolgen. Es ist ja klar, dass mein Vater auch da nicht mit Anfeuerung und guten Ratschlägen sparte.

Meiner Mutter jedoch machte die Aussicht darauf, auch den zweiten Sohn an ein Sportinternat zu verlieren, nicht fröhlicher.

So verging die Fahrt zwischen Freude und Trost, während ich dem Ziel, der Trainingsanlage des Armeesportklub Frankfurt/Oder, entgegenfieberte.

Dann war es endlich soweit. Die Kinder- und Jugendsportschule Lesch in der Zilonastrasse. Das Ziel meiner Wünsche war erreicht.

Mit großen Augen stolperte ich hinter meinem Vater her, der auf dem riesigen Gelände den richtigen Weg suchte. Meine Sporttasche schleppte ich selbst, mein Vater den alten Koffer, während Kay die Tasche mit dem Krimskrams und meinen Büchern trug. Auch er war aufgeregt und stellte tausend unsinnige Fragen. Nur Mutter ging still neben uns her, presste ihre Handtasche an die Seite und sah besorgt drein.

Familie Czerwinski trat in ein Gebäude ein. Schnell fand sich mein Vater zurecht und steuerte eine Art Wachraum an.

Dort begrüßte uns ein Herr Kurz, der mit seinen 1,55 m seinem Namen alle Ehre machte. Er war ein Stückchen kleiner als ich. Erzieher Kurz wirkte ein wenig verwachsen, hatte eine minimal schiefe Haltung. Wie sich aber in der Zukunft herausstellen sollte, war er eine große Persönlichkeit und ein überragender Pädagoge.

Die Begrüßung rauschte mehr oder weniger an mir vorbei. Ich war einfach zu aufgeregt. Die Tapete, die Einrichtung, die Sicht aus dem Fenster, all das war für mich voller Geheimnisse und spannender, als das Geschwätz der Erwachsenen. Ständig stupste ich Kay an, um ihm etwas Neues zu zeigen, das ich entdeckt hatte. Sein Grinsen und eifriges Nicken zeigten mir, dass er mich verstand.

Dann war es soweit. Wir stiegen zur zweiten Etage hoch und betraten das Zimmer 213, das nun für einige Zeit mein Zuhause sein sollte.

Ein König-, ach was sage ich, ein Himmelreich eröffnete sich mir.

Vom Gang aus kam man in einen kleinen Vorraum, von dem links Toilette und Waschgelegenheit lagen. Dann ging es in einen großen Raum.

Herrlich! In der Mitte bestach der große Tisch mit seinen Stühlen. Links stand ein Bett an der Wand, geradezu, an der Stirnseite unter dem Fenster, ein weiteres. Es war noch frei und ich musste es haben. Mit zwei, drei Schritten hatte ich den Raum durchquert und meine Sporttasche demonstrativ auf's Bett geworfen. Das war nun meins.

Ich sah hinüber zu der dritten Schlafgelegenheit, die an der Wand zum Eingang stand. Erst jetzt bemerkte ich den Jungen, der sich darauf fläzte. Ich kannte ihn, es war Andre Klimt, ein Mittelgewichtler.

Wir waren uns schon ein paar Mal bei Turnieren begegnet. Andre winkte mir lässig zu, stand auf und begrüßte meine Familie, die noch unentschlossen am Tisch stand. Vater hatte das Kinn vorgestreckt und nickte leicht mit dem Kopf, während er das Zimmer inspizierte. Sein Blick glitt über die Schränke, die kleinen Schreibtische und kontrollierte die Betten mit ihren Eisenbeschlägen. Mutters Blick war eher skeptisch, als sie die Neonröhren in der Deckenbeleuchtung entdeckte, dass stimmungslose Grau des Linoleums betrachtete und die gusseisernen Körper der Zentralheizung musterte.

Ich konnte es ihr förmlich ansehen, wie sie zu analysieren versuchte, wo hier die Gefahrenquellen für ihren Sohn versteckt sein konnten.

Da konnten sie auch nicht diese orange-, grün-, gelbfarbigen Übergardinen beruhigen, die sich vor der breiten Fensterfront spannten, an der mein Bett stand. Diese Farbkombination sollte modern sein, schien aber eher der Fantasie eines LSD-Berauschten entnommen zu sein, wollte man den Erzählungen über einen solchen Drogenkonsum Glauben schenken. Egal, sie waren in diesem Augenblick einfach nur wunderschön.

Später, als ich von diesem ständigen Eindruck geheilt und distanzierter war, empfand ich die Vorhänge nicht mehr so schick. Für mich hieß diese Mischung nur noch „Hornhautumbra". Ich denke, damit habe ich es ziemlich genau getroffen.

Nachdem nun Jeder Schock und Begeisterung für sich selbst verarbeitet hatte, stellten wir die restlichen Sachen auf mein Bett.

Es war Zeit, in die große Mensa zu gehen. Auf dem Weg dorthin fühlte ich mich schon wie einer der Sportler, die hier seit langem trainierten. Ich gehörte hierher. Mutter fühlte mit Sicherheit anders. Ab und zu nestelte sie noch an mir herum und fasste mal meine Hand, mal fuhr sie mir durch die Haare. Aber ich konnte diesen

Zärtlichkeiten geschickt ausweichen, ohne ihr weh zu tun. Kay war mir dabei eine große Hilfe, weil er ständig etwas Neues sah und mir zeigte.

In der Mensa waren nun alle Neuankömmlinge versammelt.

Es gab eine kurze, knackige Ansprache durch Herrn Guse, der Trainer der Judoklasse war, wie ich erfuhr. Dann stellte er uns noch Frau Munkelt vor, unsere Klassenlehrerin.

Es folgten die üblichen Einweisungen und Ermahnungen, die Lobreden auf die Ehre, hier sein zu können und Verhaltensweisen, wie wir uns als Eleven des ASK in der Öffentlichkeit zu benehmen haben.

Was scherte es mich mit meinen 13 Jahren. Ich war nun ausgezogen, um die Welt auf den Kopf zu stellen, neue Maßstäbe zu setzen und um in der Geschichte der Judowelt meinen Platz einzunehmen.

Nach dreißig Minuten war die Ansprache vorbei und wir durften uns von unseren Familien verabschieden.

Wir Vier gingen außerhalb der Anlage noch etwas essen. Dann war es soweit und der blaue Lada mit Mutter, Vater und Bruder verschwand auf dem grauen Band der Strasse.

Ein wenig schluckte ich schon und für einen Augenblick war mir schwach in den Knien, das hier war jetzt endgültig.

Aber dann siegten doch die Neugierde und der Ruf der Selbstständigkeit. Um 20.00 Uhr war ich auf meinem Zimmer.

Der Dritte in unserem Bunde war Marko Rusch, ein Leichtgewichtler, den Andre und ich ebenfalls aus sportlichen Begegnungen kannten.

Wir betraten den Balkon, der sich komplett vor unserer Fensterfront erstreckte. Das war toll und ermöglichte sicherlich einige Freiheiten, wenn uns auch noch nicht klar war, welche.

Zunächst verstaute ich meine Sachen in den Schränken. Ordentlich, zweckmäßig und übersichtlich. Wenn ich heute daran denke, muss ich darüber lächeln, aber 1982 hat mir diese Ordnung noch soviel bedeutet, über die sich heute meine Freundinnen sicherlich manchmal freuen würden.

Der Abend verging mit Quatschen und Kartenspielen wie im Fluge. Wir Drei von der 213 stellten noch im Dunkeln die tollsten Vermutungen an, was uns in Zukunft erwarten werde.

Letztlich wurden wir doch müde und die Worte wurden immer weniger. Ich lag noch im Dunkeln und starrte durch einen Spalt der Vorhänge in den Nachthimmel.

Meine Güte, wer hämmerte denn nachts da herum, ging es mir durch den Kopf, bis ich merkte, dass es mein Herzschlag war.

Was dann kam, überraschte mich ein wenig. Es war ein eher lauer Start in das Internatsleben. Man gab uns zwei Wochen der Eingewöhnung und des Kennenlernens. Doch dann waren die Schonzeit und der Welpenschutz vorbei. Der Tagesablauf zog an. Nach und nach begriffen wir, dass wir bei einem Armeesportklub waren. Die Selbsterziehung begann.

6.00 Uhr früh riss uns ein Sirenenheulton aus dem Schlaf. Dann hieß es raus, raus, raus aus den Federn, waschen und anziehen. Da gab es kein Pardon, denn zum Frühstück um 6.30 Uhr mussten wir über die Strasse in die Mensa. Es war ratsam, dort schon sein Schulgepäck dabei zu haben, weil, um 7.10 Uhr ging es weiter in den Unterricht.

Die Verpflegung war ausgezeichnet, wir waren in einem DDRSchlaraffenland. Kein Mangel an Südfrüchten, Fleisch oder sonstigen Dingen, für die damals der Normalbürger anstehen musste, wenn sie überhaupt angeboten wurden.

Wir rissen erst einmal Schulstunden runter, hatten um 9.30 Uhr die Möglichkeit zu einem wohl ausgewogenen zweiten Frühstück, machten eine kleine Pause und dann gab es die ersten 90 Minuten

Trainingseinheit. Danach wieder Pause. Gegen 11.30 Uhr / 12.00 Uhr gab es Mittag, dann wieder Pause. Danach Schule und wieder eine TE (Trainingseinheit) von 90 Minuten. Alles in allem war der Tag dann für uns um 17.00 Uhr zu Ende. Hausaufgaben gab es kaum und Freizeit stand auf dem Programm.

Was hatten wir uns auf Billard, Bücher und Ost-TV gefreut!

Aber wir waren meistens zu kaputt. Die Trainingseinheiten wurden merklich härter und auch die Herausforderung war eine andere. Hier waren alle gut und wenn man sich absetzen sollte, an die Spitze kommen wollte, dann quälte man sich mit freiwilligen Einheiten im Kraftraum, auf der Laufbahn oder in der Halle ab. Das war gerne gesehen und wurde unterstützt.

Aber ich bestach durch Kraft, Technik und Verbissenheit. Das brachte mich auf der Matte schnell nach vorne. Das mir vom Terrier Sinnhöfer bescheinigte „außerordentliche Bewegungstalent" wurde auch hier erkannt und gefördert.

Neben dem offiziellen Teil gab es natürlich die üblichen Grabenkämpfe. Die neunten und zehnten Klassen machten Putz und wollten es den Frischlingen ständig zeigen. Das kannte ich ja schon von Rostock her und es erschreckte mich nicht besonders.

Eine sehr oft angebrachte Maßnahme war der so genannte „Löffeltanz".

Dabei hielten drei oder vier Mann ein Opfer fest und schmierten seinen Arsch mit Finalgon ein, daraufhin wurde ein oder mehrere Löffel heiß gemacht und damit auf die eingeriebenen Stellen geschlagen, bis sich Brandblasen bildeten. Das war kein Effekt für den Moment, sondern für Tage. Es behinderte das Sitzen in der Schule, beim Essen und die Bewegungsfreiheit beim Training.

Oder aber das „Kette drehen". Dabei wurde das Fleisch des Delinquenten zwischen den Finger gedreht. Meisten von einem Ohr zum andern, den Hals abwärts, über den Kehlkopf. Wenn richtig gedreht wurde, dann hatte das Opfer lauter kleine blaue Stellen, Blutergüsse, die dann aussahen wie eine Kette.

Selbstverständlich waren die Trainer nicht blind und wussten was los war. Sie benutzten diese Zwistigkeiten dazu, um uns auf der Matte noch mehr herauszufordern.

„Klärt das auf der Matte!", hieß es dann.

Aber noch etwas machte mir seltsamerweise Angst. Richtig Angst. Als am 4. Oktober 82 Helmut Kohl den Kanzler Helmut Schmidt ablöste, war ich mir sicher, es werde Krieg geben. Wir lebten zwar permanent im Kriegszustand, aber jetzt dachte ich, fallen die Bomben. Ich hatte Angst um meine Familie und darum, dass nichts aus meiner Sportlerlaufbahn werde.

So saß ich eines Abends zusammengekauert auf dem Balkon und hörte eine von Andre Klimts Kassetten. Es war ein Song von ELO. In diesem Album gibt es ein Lied, das mit einem Pfeifton beginnt. Ich erschrak und schloss die Augen, das musste sie sein. Die erste Bombe der BRD auf die DDR. Ich war mir sicher, bis ich begriff, dass das Pfeifen vom Band gekommen war und zur Musik gehörte.

Zu dieser Zeit hatte ich fast täglich Angst, dass die BRD uns bombardierte.

September, Oktober, November – drei Monate lang habe ich nachts still in mein Bettzeug geheult. Vor Wut, vor Einsamkeit, vor Schmerz, vor Furcht und vielleicht auch deshalb, weil es immer wieder derselbe Kreislauf im Leben war. Es ging nur über die Auseinandersetzung, sonst war keine Anerkennung zu finden. Da waren die wöchentlichen Briefe von zu Hause eine große Zuflucht und auch die Anrufe von Mutter und Oma. Damals wollte ich es nicht zugeben, aber ich habe sie jedes Mal herbeigesehnt.

Für mich war es im November 82 an der Reihe, aus meinem Schatten zu treten.

Auf dem Flur geriet ich mit Thomas Hetzel aneinander. Er war ein Halbschwerer und ein Stückchen größer als ich.

Ich weiß nicht mehr, um was es genau ging. Vielleicht bin ich ihm nicht aus dem Weg gegangen oder aber irgendetwas hat ihn gestört, vielleicht hatte er sich auch vorher schon woanders geärgert. Auf jeden Fall beleidigte er mich auf das Gröbste. Die eine oder andere Tür ging auf und es zeigten sich ein paar Zuschauer.

Mit der mir gegebenen Grundschnelligkeit ging ich auf Hetzel los. Ich schlug und trat auf ihn ein. Er bekam all das ab, was sich in den Nächten in mir aufgestaut hatte. Er stand sinnbildlich für meine ganze empfundene Unterdrückung und er büßte dafür.

Als ich mit ihm fertig war, war er reif für die Krankenstation, wo er einige Tage verbringen musste.

Damit war geklärt, dass ich hier im Hause eine Nummer war und von nun an mussten alle damit rechnen, dass ich die Regeln aufstelle.

Der Erzieher Bosselmann wollte einen Verweis erteilen, was nicht so angenehm gewesen wäre.

Aber in meiner Altersklasse war ich im Schwergewicht schon ziemlich unverzichtbar und schon gar nicht zu ersetzen. Meine Trainer rückten den Vorfall zurecht und vermieden somit einen Verweis in meinen Akten.

Wer weiß, was in meinem Leben anders gelaufen wäre, wenn sie das nicht getan hätten.

Sie rückten mich noch ein wenig mehr zurecht, um mich dann im November oder Dezember dieses Jahres zum Seniorentraining der internationalen Klasse zu holen.

Zuerst aber ging es Weihnachten in den ersten Heimaturlaub nach Rostock. Da war ich natürlich „Cheffe". Bei den alten Freunden und Bekannten. Jeder kam, wollte mich treffen, mich sehen und vor allem auch mit mir gesehen werden. Schließlich war ich einer der Auserwählten, die es geschafft hatten.

Und mit Genuss erzählte ich ihnen von den zehn Trainingseinheiten wöchentlich, die das Minimum waren. In denen es immer wieder hieß:

Greifen – Ziehen – Fegen – Hebeln – Würgen – Und – Und – Und

Immer wieder dasselbe, zehnmal, hundertmal, tausendmal. Alles würde ich mit links schaffen, lies ich durchblicken. Natürlich sagte ich nichts von den zusätzlichen, freiwilligen Trainingseinheiten, die ich oft unter Schmerzen absolvierte. Nicht von den abgerissenen Fingernägeln und den Hautabschürfungen und von den geprellten, gezerrten und ausgekugelten Gelenken. Hätte es etwas genutzt, wenn ich gesagt hätte, dass wir uns manchmal zum Aufstehen am Tisch oder am Schrank hochzogen, weil die Knie einfach taub waren und immer ein paar Minuten brauchten, bis sie wieder gebrauchsfähig waren?

Ob sie mir geglaubt hätten, wenn ich ihnen gesagt hätte, dass die Krankenstation Blutblasen aufstach und überklebte und wir weitermachten? Ob meine Alterskollegen schon etwas von Sauerstoffmasken gehört hatten, wenn man einfach mal fertig aus den Latschen kippte? Wenn die Kräfte zu versagen drohten?

Von denen wurde keiner angeschrien, wenn der Schmerz schon die Tränen in die Augen trieb, wenn dir das Blut aus der Nase tropfte und deine Sehnen zu zerreißen drohten.

„Zieh, zieh du Arschloch, zieh!" „Halt fest! Festhalten du Penner!" „Halten, den Griff halten!" „Hast du nichts im Arsch? Den schmeißt ja meine Oma?" „Zieh jetzt Dicker, zieh!"

So sah mein Alltag aus. Aber darüber berichtete ich nichts.

Ich erzählte von der Freiheit, in der ich lebte. Davon, was es zum Essen gab und dass mir das alles nichts ausmachte. Dass ich genau das gefunden hatte, was ich immer wollte. Ich sagte ihnen, dass sie hier in Rostock eigentlich noch nichts vom Leben mitbekommen hatten, aber ich mit meinen 13 Jahren schon richtig vorne lag.

Ich wurde dafür bewundert und erhielt meine Streicheleinheiten. Das war Balsam für meine kleine Seele.

Seltsamerweise hatte ich für die Belange in Rostock keine Koordinaten mehr. Es kam mir nach diesen ersten vier Monaten in Frankfurt/Oder schon alles so sehr weit weg vor.

Ich war zwar noch in der FDJ, aber inzwischen waren Adidas Schuhe bereits wichtiger als das berühmte blaue Hemd.

Das lag sicherlich mit daran, dass die politische Bildung in Frankfurt/Oder auf ein Minimum eingeschränkt war, weil der Sport dort im Vordergrund stand. Die Trainer waren überwiegend unpolitisch eingestellt und sahen die DDR-Geschichte eher amüsiert.

Vielleicht hat da meine Abnabelung vom System begonnen. Ich weiß es nicht genau. Jedenfalls fiel eine gewisse Indoktrination weg und mit dem Blick auf das sportliche Geschehen in der Welt und dem damit verbundenen globalen Vergleich, bekamen wir immer mehr Wissen über die Lebensumstände in anderen Ländern.

Bei uns war Kirche absolut ein Tabuthema, aber wir begriffen, dass diese Einrichtung außerhalb der DDR eine Machtstellung und ein großer Motivator war. Für uns unverständlich, aber immerhin vorhanden.

Der Klassenfeind BRD wurde bei uns in Frankfurt/Oder nur in sieben Stunden wöchentlich in Staatsbürgerkunde behandelt, zudem wurde eine marxistisch–leninistische Philosophie verbreitet, doch so richtig stimmte es mit dem Feindbild nicht mehr. Zwar galt jeder BRD-Bürger als potentieller Westagent und Informant, aber mit dem Blick auf den sportlichen Vergleich trat das langsam in den Hintergrund.

Für meine Jugendfreunde in Rostock waren all die parteigesteuerten Nachrichten und Parolen noch so unumstößlich und fest etabliert, dass ich keinen richtigen Zugang mehr zu ihnen fand.

Trotzdem verbrachten wir schöne und unbeschwerte Tage zusammen. Hier, wo ich mal verfolgt und verspottet wurde, war ich nun eine große Nummer und ich strotzte nur so vor Selbstbewusstsein.

*

1983 begann gleich richtig spektakulär. Im Januar gab der Nationaltrainer Frank Michael Friedrich beim ASK einen Lehrgang. Friedrich war so ein richtiges Muskelschwein, eine kompakte Sau. Er hatte den Spitznamen „Muskel." Wer dachte, er habe schon viel vom Judo gewusst und habe seine Leistungsgrenzen schon erreicht, der wurde hier eines Besseren belehrt.

Aber dieser Lehrgang war eine Offenbarung und für mich, zudem wieder einmal neue Motivation für noch mehr Quälerei und Ansporn für intensiveres Training. Nicht zuletzt trug „Muskel´s" Ausspruch daran die Schuld:

„Wer Weltmeister werden will, der muss auch wie ein Weltmeister trainieren!"

Inzwischen trainierte ich als Dreizehnjähriger bei den Junioren und Senioren der internationalen Klasse mit. Das war nicht deshalb, weil die einen brauchten, an dem sie sich austoben konnten, sondern weil ich meinen Alterskollegen weit überlegen war und dort kein Vorwärtskommen mehr zu erwarten war.

Wie nicht anders zu erwarten, wollte keiner der hier Trainierenden einem so jungen Sportkameraden unterliegen und kämpften umso heftiger gegen mich.

In der Juniorenklasse trat Panz an, ein Bursche, der 18 oder 19 Jahre alt war und an die 95 Kilo wog. Der konnte es am wenigsten verwinden, dass er mich nicht nur nicht besiegen konnte, sondern noch nicht einmal eine Wertung gegen mich erreichte. Das schien ihn mehr in seinem Selbstbewusstsein verletzt zu haben, als äußerlich zu merken war.

Panz stieg mit einem Harei-Goshi dermaßen hart und brutal ein, dass er mir das Knie brach. Ich hatte einen Kniescheibenabriss und die Menisken waren raus. Das war es dann erst einmal und ich landete mit einem dicken Knie auf der Krankenstation. Von da aus ging es zum Armeelazarett nach Bad Saarow.

Die Diagnose des Arztes:

„Das war's dann wohl mit dem Sport für dich!"

Ich muss den Mann fassungslos angestarrt haben, denn er fand einige wenige Worte des Trostes für mich. Ich denke heute, es war eher Routine, denn der Arzt hatte sicherlich schon einige Himmelsstürmer bei sich auf dem Tisch zerbrechen sehen.

In mir war einfach eine Leere, die ich auch heute noch nicht beschreiben kann. Jeder Gedanke hallte in meinem Inneren nach, schlug an die Wände des Kopfes und trudelte dann als undefinierbares Fragment weiter durch meine Gehirnwindungen. Ich glaube, wenn mich damals, in diesen Momenten, jemand angeleint hätte, ich wäre ihm als Hund gefolgt.

Ich hatte mein Individuum und meine Bestimmung des Seins vollkommen aufgegeben.

„Das war's dann wohl mit dem Sport für dich!"

Konnte denn irgendetwas brutaler, brachialer gegen mich vorgehen? Was sollte grausamer sein?

Ich würde wieder in der Masse verschwinden, wäre wieder der Dicke. Vielleicht sogar der hinkende Dicke?

Meine Ziele, meine Träume, ausgerechnet von einer Judotechnik zerstört. Von dem Sport, für den ich alles gegeben hatte. Ich war noch keine vierzehn Jahre alt und schon am Ende meines Weges.

Die Welt versank, die Worte verklangen und eine wohlige Ohnmacht fing mich auf.

Ich fand mich mit einem dicken Knie auf der Krankenstation wieder.

Ich lernte wieder, angstfrei zu laufen und machte nach und nach wieder beim Training mit. Viel konnte ich mit Kraft und Technik ausgleichen.

Stück für Stück ging es wieder aufwärts. Aber ich war vorsichtiger und manchmal auch ein wenig demütiger als zuvor.

Mein Trainer überraschte mich mit der Aussage:

„Du kannst bei den DDR-Meisterschaften mitmachen."

Dass ich jeden Tag Schmerzen im Knie hatte, dass ich vor Schmerzen heulte und manchmal auch schrie, wenn ich alleine war, das verschwieg ich ihm. Ich sagte ihm auch nicht, dass sich des Öfteren die Kniescheibe auskugelte. Dick bandagiert hielt es einigermaßen.

So auch bei den Meisterschaften. Ich schaffte es ins Halbfinale. Schon bald war ich vor Schmerzen taub. Insgesamt siebenmal sprang mir die Kniescheibe raus. Jedes Mal habe ich mit erhobener Hand Zeit genommen und mir dabei selbst die Kniescheibe wieder reingehauen.

Was soll ich erzählen, wie es mir ging? Ich war im Tunnel der Schmerzen, schon bald fühlte ich ihn in jeder Region des Körpers. Aber ich hielt durch. Ich roch den Schweiß meines Gegners, fühlte seinen nassen Nacken und tastete mich an seiner Jacke vor. Ich ahnte seine Bewegungen. Viel gesehen habe ich nicht, weil der brutale Schmerz mich immer wieder dazu zwang, die Augen zu schließen. Mein Gegner muss etwas gemerkt haben, denn ständig attackierte er mein Knie. Beim siebenten Mal musste ich mich fast übergeben. Bitter stieg die Galle in mir hoch. Jetzt erst recht.

Ich bezwang meinen Gegner und wurde Dritter der DDR-Meisterschaften. Diese Bronzemedaille war der Bitterste meiner Erfolge. Vor allem auch deshalb, weil danach erst einmal gar nichts mehr ging.

Auch zu Hause waren alle entsetzt. Aber hier halfen mir die Seilschaften meines Vaters in der Partei und die Unterstützung des ASK.

Im August 1983 wurde ich von Professor Brückner am Knie operiert. Der Professor war eine Koryphäe auf diesem Gebiet und ohne Vitamin B war überhaupt nicht an ihn heranzukommen.

Eigentlich war ich für die Spartakiade der Favorit in meiner Alters- und Gewichtsklasse. Was nutzte mir das jetzt?

Ich lag mit bandagiertem Knie in der Klinik und heulte Rotz und Wasser, als die Sportkameraden bei der Spartakiade einliefen und ich das im Fernsehen verfolgte.

Nichts konnte mich trösten, auch nicht die Erfolge, die der ASK errang. Ich fühlte mich betrogen und hintergangen.

Die Schmerzen in meinem Knie waren nicht weniger geworden und die Schmerzmittel von damals waren nicht gerade von großer Effektivität. Am Tag der OP wäre ich deshalb beinahe aus dem Fenster gesprungen. Ich war bedient, wollte nicht mehr, gar nichts mehr. Angst hatte ich, nackte Angst. Ein Ende machen.

Aber wie so oft ist das mit dem Schluss nicht so einfach und die verzweifelten Augenblicke gehen auch vorbei. Die Narkose umfing mich und als ich wieder wach wurde, war alles geschehen und ich konzentrierte mich wieder auf den Neuanfang.

Na ja, nun war ich fast vierzehn und das Leben hielt noch weitere dramatische Auftritte für mich bereit.

Einer davon war die Schwester vom Klubkamerad Frank Werner, die in der medizinischen Abteilung arbeitete.

Sieben Tage durfte ich nach der OP nicht aufstehen, das heißt, ich sollte eine Bettpfanne benutzen. Das ging gar nicht. Lieber nichts essen. Ich hielt das tapfer durch. Am sechsten Tag brachte mir meine Mutter Orangensaft mit, den ich auch durstig in mich hineingoss. Ich genoss diese herrliche Frische und den vollfruchtigen Geschmack. Die Süße schmeckte köstlich und ich goss gleich noch einmal nach. Dann fühlte ich eine seltsame Unruhe im Magen, der dazu auch noch laute Geräusche von sich gab.

Scheiß Orangensaft, ich konnte es nicht halten und schiss zweimal die Bettpfanne voll.

Als Obertrüffel hatte auch noch die Schwester von Frank Werner Dienst und musste mir den Arsch abwischen. Kann sich jemand vorstellen, wie sich ein dicker, fast vierzehnjähriger Knabe dabei vorkommt?

Noch heute ist mir das peinlich.

Die vierzehn Tage, die ich dann noch dort gelegen habe, bin ich der Schwester nach Möglichkeit aus dem Weg gegangen. Ich habe nie erfahren, was sie darüber gedacht hat.

Brrrrr!

Während der Ferien blieb ich im inneren Bereich, also im Klubinternat und begann mit dem Aufbautraining. Mit Physiotherapie und kleinen Kraftübungen.

Was immer mich auch trieb und womit der liebe Gott mich auch körperlich gesegnet hat, ich konnte es nicht glauben, als ich acht Wochen nach meiner OP wieder beim Training auf der Matte stand.

Alex, der Panzer, war back.

Inzwischen war auch Kay zum ASK gekommen. Dank meines inzwischen gefestigten Rufes, konnte ich ihm mit klaren Ansagen alle Ärgernisse und Repressalien der Älteren, von Anfang an ersparen.

Außerhalb des ASK-Geländes gab es eine Klubdisko. Dort hatte ich Claudia Schülke kennen gelernt, die zarte zwölf Jahre alt war und das Händchenhalten und Knutschen mit ihr im Keller, brachte mich über manche traurige Phase in dieser Zeit.

Daneben hatte mir dieses Jahr auch noch den Spitznamen „Schepper" eingebracht, weil ich ständig alles umstieß oder die Sachen kaputt gingen, die ich in die Hände nahm.

Wollte ich im Zimmer den Vorhang zuziehen, konnte man sicher sein, dass er abriss. Wenn die Jungs mich irgendwo mit Geschirr hantieren hörten, riefen sie:

„Pass bloß auf!"

KLIRR

Zu spät. Ich konnte einfach nichts dafür. Wahrscheinlich kam ich mit der Kraft und meiner Körpermotorik im feinsensiblen Bereich nicht klar. Mir fehlte die Koordination. Wollte ich ein Fenster schließen, war es fast sicher, dass ich den Fenstergriff in der Hand behielt. Zunächst habe ich alles für Materialfehler gehalten, aber auf Dauer konnte das wohl nicht der Wahrheit entsprechen. Ich zog ein Hemd über – schon sprangen die Knöpfe ab. Putzmittel aus einer der engen Kammern zu holen, war ein Abenteuer, denn dass ich ein Regal umreißen würde, war so gut wie sicher. Bleistifte zerbrachen gelegentlich, ohne dass Absicht dabei vorhanden gewesen war.

Aber zurück zum Training. Im Oktober 1983 stand ich also wieder auf der Matte. Noch ein wenig steif, aber es wurde von Tag zu Tag besser. Ich rutschte wieder in den Rhythmus der täglichen Schule und der Trainingseinheiten. Am Wochenende gab es mal KU (Kurzurlaub), den hatten wir, wenn es Samstag noch die ein oder andere Schulstunde gab. Oder es gab VKU (verlängerten Kurzurlaub), der begann freitags um 12.00 Uhr. Zu Anfang bin ich noch viel nach Hause gefahren, aber mit der Zeit blieb ich immer öfter im Internat. Mal um einige Trainingseinheiten zusätzlich runter zu reißen, mal um mich den Mädels in Frankfurt / Oder zu widmen.

Aber das Jahr hatte es in sich. Wir waren mit dem ASK beim SC Hoppegarten Berlin zu einem gemeinsamen Lehrgang. Selbstverständlich war damit auch eine Rundfahrt durch die Hauptstadt verbunden.

So stand ich mit vierzehn Jahren am Brandenburger Tor und sah den antiimperialistischen Schutzwall mit völlig neuen Augen. Ein beklemmendes Gefühl erfasst mich, als ich die Strasse so abrupt enden sah. Etwas stellte Fragen in mir, ohne dass ich sie verstehen oder formulieren konnte.

Ich wollte Weltmeister werden. Mich im Judo mit den Besten der Welt messen. Mit Sportkameraden vergleichen. Aber was war das für eine seltsame Welt, in der Straßenbahnschienen plötzlich endeten, Häuser zugemauert waren und Strassen unvermittelt zu Sackgassen wurden.

Stolz hatte ich die Fahne am 1. Mai getragen, war überzeugt davon, dass der Klassenfeind einen Krieg plant und dass der Sozialismus eines Tages den Kapitalismus besiegt.

Trotzdem, irgendetwas stimmte nicht. Man konnte von weitem sehen, dass auf Seiten der BRD Menschen auf den Aussichtsplattformen standen. Sie winkten mit weißen Tüchern herüber. Da standen keine Soldaten, sondern Frauen in Mänteln und Männer mit Hüten. Irgendwie kam mir ein Heft der amerikanischen Gesandtschaft in die Finger, in dem ich verständnislos herumblätterte, als sich eine Hand auf meine Schulter legte. Erschrocken sah ich in das Gesicht eines Vopos (Volkspolizist) in Uniform.

„Na, mein Junge, ich denke nicht, dass das die richtige Lektüre für dich ist."

Sanft, aber bestimmt, nahm er mir das Heft aus der Hand. Ich sah ihm noch einige Augenblicke verstört nach.

Es war ein schweigsamer Schepper, der zurück nach Hoppegarten fuhr.

REVOLUTION

1984 war ein Jahr wie eine Achterbahn. Noch heute schwirren mir die Gedanken ungeordnet und wirr durch den Schädel, wenn ich daran zurückdenke. Es ist, als ob ich es nie sortiert bekommen hätte, was vielleicht sogar stimmt. Es war meine persönliche Wende.

Zunächst aber standen drei Qualifikationsturniere an. Mit einem guten Abschneiden, das hieß die besten Zwei, konnte man zum Sieben-Länderturnier kommen und zwar als Mitglied der Nationalmannschaft.

Vergessen war die Operation, die Mauer und die Mädchen. Ich musste es schaffen.

Ich wog fast 100 Kilo und schmiss mich ins Training, wie Hector in die Bouletten.

Es knirschte in den Kugeln, wenn ich 25 Klimmzüge in einer Minute in die Höhe riss.

Es klingelte in den Gelenken, wenn ich das Seil (5 m) unter fünf Sekunden emporhangelte. Wieder lief ich Runde und Runde, hängte abends und am Wochenende eine Trainingseinheit an die andere.

Ich forderte selbst eine immer härtere Gangart von meinen Trainern und hatte bald einen militärischen Drill erreicht, der mich zu immer höheren Leistungen antrieb. Schon machten die Ärzte ab und zu ein besorgtes Gesicht und die Trainer schielten misstrauisch nach mir, weil sie wohl fürchteten, dass ich übertreiben und das Maß der Dinge verlieren würde.

Nichts von alledem geschah.

Ich gewann alle drei Qualifikationsturniere in meiner Gewichtsklasse. Ich hatte den Himmel gestürmt. Meiner Berufung in die Nationalmannschaft stand nichts mehr im Wege und sie kam.

Im April war es dann soweit. Das internationale Jugendturnier mit sieben beteiligten Ländern:

DDR – Polen – Tschechoslowakei – Ungarn – UdSSR – Rumänien – Bulgarien.

Ich stand richtig unter Dampf und war kaum zu stoppen. Aber, ich ging aus diesem Länderkampf als Zweiter hervor. Besiegt von einem Russen, den ich schon fast in der Tasche gehabt habe. Trotzdem, er hat mich besiegt.

Das konnte meine Freude aber nicht mindern. Mit vierzehn Jahren fühlte ich mich auf der Startbahn zu Ruhm und Ehre.

Nach diesem Sieben-Länderturnier fiel ich in eine große Leere. Es gab nichts, was im Moment steigerungsfähig gewesen wäre. Gerne nahm ich die Huldigungen entgegen, wenn ich zu Hause auf Urlaub war. Aber genauso gerne sonnte ich mich in meinem Erfolg, wenn wir in Frankfurt Oder am Wochenende um die Häuser zogen.

Natürlich kamen wir auch schon in Kneipen und Diskos. Schließlich sahen wir alle wegen unserer durchtrainierten Körper älter aus.

Eine unerklärliche Wandlung vollzog sich. Immer öfters trank ich ein Bier und auch eins zuviel. Manchmal nur um auf Betriebstemperatur zu kommen und manchmal auch bis zum Kotzen. Meinen Bruder Kay hielt ich aus diesen Touren immer raus, weil ich nicht wollte, dass er auch in diesen Bann geriet, denn ich fühlte unbewusst, dass dieser Weg zwar spannend, aber nicht förderlich war.

Wir hatten uns inzwischen ein paar Westklamotten beschafft. Das wurde zwar nicht so gerne gesehen, aber erst, wenn es zuviel wurde, stellte man unangenehme Fragen.

Doch nicht nur die männlichen Sportler waren auf Abwegen. Ich erinnere mich noch sehr gut an Ines Ülke, eine Handballerin aus der zehnten Klasse.

Die konnte saufen wie ein Russe. Achtzehn Halbe plus Schnaps waren kein Problem. Ines war eine gute Freundin. In kameradschaftlicher Rückerinnerung möchte ich sagen, dass ich überzeugt bin, dass sie heute lesbisch ist, aber schon damals ein Bombenkerl war.

Meine Schul- und Trainingsleistungen blieben beständig, doch eine große Unzufriedenheit machte sich in meinem Kopf breit. Zudem gab es die ersten Gerüchte, dass bei uns Doping eingesetzt wurde. Konkrete Aussagen oder Hinweise gab es nicht, dazu war das Gesetz:

„Du hast zu funktionieren"

zu eisern in unsere Köpfe gebrannt.

Wir hörten von „Oralturinabol" blue oder orange. Das waren Steroide in zehn mg oder mg Packungen. Damit wurde auch Testosteron ausgeschüttet.

Das machte die Kämpfer aggressiv. Leider gingen sie auch dabei körperlich auseinander. Das schadete zwar nicht, solange man im Training war, aber an die Spätfolgen dachte niemand.

Zusammen mit diesen Gerüchten begannen auch wieder meine Zweifel am System. Zum einen kamen gelegentlich unverhoffte Infos auf mich zu oder ich besorgte mir selber welche, fragte mal nach und erkundigte mich. Ich begann Hardrock und Heavy Metal zu hören. Mein alter, geliebter Natoparka wurde ein Markenzeichen von mir. Jetzt wog ich 100 Kilo, hatte meine Haare kurz geraspelt und trug nur einen Stirnpony.

Meine Sauftouren wurden exzessiver und die Wochenendkeilerei wurde zur Gewohnheit. Ich entwickelte mich zu einer bekannten Persönlichkeit in der Stadt. Noch schützten mich der ASK und meine sportlicher Ausnahme. In meinem Alter und in meiner Gewichtsklasse war ich weiterhin unverzichtbar.

Zu Hause lief es nicht gut. Wenn ich mit Oma oder Mutter telefonierte, hörte ich, dass Vater mit dem Saufen angefangen hatte. Er war immer seltener zu Hause und die Ehe driftete auseinander.

Auch Kay fand keinen Zugang mehr zu ihm. Ich begann, mich immer mehr in meine eigene Welt zurückzuziehen.

War ich nicht vor zehn Jahren noch Pirat und Ritter gewesen? Hatte ich nicht unzählige Abenteuer bestanden und zusammen mit Kay im Gespensterwäldchen hunderten von Gefahren getrotzt?

Wo war der Kerl geblieben, der sich in die Wellen gestürzt hatte, todesmutig die Blindscheichen gefangen hatte oder im Fifiwäldchen den ersten Kuss gemeistert hatte?

Eine Zerrissenheit bemächtigte sich meiner. Freiheit, Freiheit schrie es in mir. Aber welche Freiheit suchte ich? War ich nicht frei? Ich war beim ASK, war ein aufstrebender Sportler auf den die Republik stolz sein werde. War das nicht Freiheit?

Irgendetwas zerriss mich. Ich musste ein Zeichen setzen.

Auf der Strasse in Frankfurt / Oder kaufte ich einem Älteren einen silbernen Ohrring für fünfzig Ostmark ab. Das war ein gutes Stück Geld und die Ausgabe tat mir schon weh. Aber ich musste irgendetwas tun. Auffallen, Fahne zeigen oder revoltieren. Ich war auf der Suche nach persönlicher Freiheit.

Später auf dem Gelände des ASK suchte ich den Waschraum auf.

Wie war das in den Cowboyfilmen? In den Soldatenfilmen? Brannten die nicht auch immer ihre Wunden aus, in dem sie ein Messer heiß machten?

Ganz so martialisch versuchte ich es nicht. Ich nahm eine starke Sicherheitsnadel und machte sie über einer Kerze heiß, um sie zu desinfizieren. Der erste Versuch schlug fehl, da die Nadel so heiß wurde, dass ich sie mit einem: „Verfluchte Scheiße!" fallen ließ. Aber man lernt dazu und beim zweiten Versuch hielt ich die Nadel mit einem Stofflappen fest. Dann zog ich mein rechtes Ohrläppchen ein wenig ab, um die Nadel anzusetzen.

Es gab kein Zögern, ich stach zu. Der Stahl fuhr ohne nennenswerten Widerstand durch das Fleisch. Es stank ein bisschen, aber ich verspürte keinen Schmerz. Um das Loch groß genug zu gestalten rührte ich mit der Nadel noch im Kreis. Ein wenig Blut, überraschend wenig, trat aus. Ich ließ es tropfen.

Ein wenig zitterte die Hand, als ich den Ohrring einfädelte, dann war es vollbracht. Das rechte Ohr von „Schepper" zierte ein Ohrring. Man schrieb das Jahr 1984 in der DDR und ich war auf der Sportschule des Armeesportklubs in Frankfurt / Oder. In diesem Moment war ich mir noch nicht bewusst, dass das hier die Premiere für Männerohrschmuck war. Zunächst konnte ich mich nicht satt daran sehen.

Das Ding schlug ein. Ab sofort war ich der
„King Of The Ring"
Einige schüttelten den Kopf, andere hielten mich nun für total abgedreht. Aber die meisten zeigten mit dem Daumen nach oben. Im Prinzip war es mir aber scheißegal, was der eine oder andere dachte, ich fühlte mich absolut cool.

Der Rausch war zwei oder drei Tage später zu Ende, als ich nach dem Wochenende den Ohrring auch beim Training drin hatte. Das

Loch war minimal entzündet und durch stetiges Drehen, Rein- und Rausnehmen, hatte ich das Ohrloch offen gehalten.

Der Trainer nahm mir den Ohrring mit den Worten ab:

„Bist du bekloppt?"

Ich wagte nicht zu widersprechen und nahm den Raub widerspruchslos hin. Aber ich hatte ein Zeichen gesetzt.

Trotzdem blieb ich ein Held, ein Mythos und eine ganz besondere Nummer in der Jugendzone von Frankfurt / Oder. Es war Winter geworden und ich fünfzehn.

In mein Leben trat Modesta, die meine persönlichen Wünsche ein für alle Mal verändern und in eine neue Richtung bringen sollte. Wie immer trafen sich die Jungen und Mädchen am Schulgelände in Klingeltal. Hierhin zogen wir uns am Wochenende des Öfteren zurück, um ein paar Flaschen Bier zu trinken, eine zu rauchen und um über die Weltlage zu philosophieren. Die Gespräche drehten sich natürlich meistens um Musik und Klamotten.

Die BRD war zwar noch der Klassenfeind, aber man musste zugeben, dass es da drüben schon ein bisschen cooler zuging. Jedenfalls nach dem, was wir so hörten und lasen. Vielleicht könnte man ihn, den Klassenfeind, besiegen und die Dinge so übernehmen, wie sie dort waren.

Im November 1984 lag bereits Schnee und Modesta saß unter uns. Sie war mir vorher noch nie aufgefallen. Ich weiß überhaupt nicht, ob sie schon jemals vorher da gewesen ist. Aber ihre Augen verschlangen mich. Und diese Augen hatten Feuer, sie versprachen all das, was ich mir in den Minuten auf der Toilette mit Papier auf den Knien oder alleine im Zimmer mit einer Hand unter der Bettdecke immer erträumte und erfüllte.

Ich glaube, ich habe kein Wort mit Modesta gewechselt, als ich mich endlich zu ihr setzte und meinen Arm um sie legte. Woran ich mich noch genau erinnere ist, dass Modesta beim Küssen die Augen offen hielt und mich dabei ansah, während ihre Zunge mit der meinen einen wilden Tanz veranstaltete.

Fast wäre es zu früh losgegangen, als ihre Hand mich im Schritt massierte. Aber damit war auch klar, aus der Sache kam ich jetzt nicht mehr unberührt heraus. Das war der Zeitpunkt, an dem ich ein ganzer Kerl sein musste, zum ersten Mal.

Ich habe mich schon immer den Dingen gestellt, die auf mich zugekommen sind, so auch hier.

Ich verschwand mit Modesta hinter einem Strauch. Der gute alte Parka musste herhalten und als Unterlage dienen.

Mit einem mulmigen Gefühl im Magen und einer seltsamen Blutleere im Gehirn ließ ich Modesta gewähren, in der Hoffnung, dass sie mich für cool halten würde, wenn ich lässig den Pascha spielen würde.

Gott sei Dank schien die Blutleere in meinem Gehirn daher zu kommen, dass sich das ganze Blut einen guten Meter tiefer befand. Ich wusste zwar, wo ich hinwollte, aber nicht, wie ich den Weg finden sollte. Modesta wusste es. So kniete ich nach einigen Minuten zwischen ihren Beinen, spürte die wohlige, feuchte Wärme und konnte nicht wirklich glauben, dass ich es hier zum ersten Mal trieb.

Viel zu schnell explodierte es zuerst in meinem Rückenmark, dann im Kopf und dann zwischen den Lenden, aber Gott sei Dank blieb das Blut wo es sich gerade befand und jetzt konnte ich es erst recht genießen.

Modesta anscheinend auch, denn ihr Atem wurde schneller und lauter. Ich schien also alles richtig zu machen, wenn ich auch nicht begriff, wie das eigentlich ging. Wir waren wohl ein wenig zu laut gewesen, denn ein vorbeikommender Spaziergänger rief:

„Guck mal, da liegt einer!"

Während ich mich in Modesta weiterbewegte rutschte ihm heraus:

„Nee, zwei!"

Ich hörte noch, wie eine Frauenstimme irgendetwas zeterte, ihren Begleiter wohl wegzog und dann langsam leiser wurde.

Dann war es auch zum zweiten Mal soweit. Ich bemühte mich noch ein wenig mehr, aber jetzt spürte ich den kalten Novembernachmittag am Arsch und zwischen den Beinen. Mir wurde bewusst, dass ich mit den Knien im Schnee lag. Es war unangenehm feucht und kalt.

Danach war es mit Modesta vorbei. Wir setzten unser Abenteuer nicht weiter fort. Aber, Modesta, ich bin dir dankbar, du hast die Schleuse geöffnet. Von da an folgten diesem Abenteuer viele, viele weitere.

An dieser Stelle muss ich einen Womanizer erwähnen, der damals ebenfalls an der Sportschule des ASK in Frankfurt/Oder war. Axel Schulz, der Boxer.

Axel war auch seit 1982 dort und zwar in der Parallelklasse „Boxen".

Er war ein komplett Sportbekloppter und trainierte ebenso besessen wie ich. Vielleicht hat uns das verbunden. Wie dem auch sei.

Eins muss ich ihm lassen, er war ein absoluter Burner bei den Weibern. Sie haben ihn geliebt und Axel hat das auch zu schätzen gewusst.

Wir haben uns dort, beim ASK angefreundet und ich bin stolz, dass ich ihn auch heute noch zu meinen Freunden zählen darf. Axel war und ist immer ein echter Freund und Kamerad gewesen, dem ich überhaupt nichts Negatives nachsagen kann. Anders als über einen anderen Boxer, der in diesen Jahren auch zum ASK kam. Henry Maske. Das war ein menschlicher Stinker, genau wie im Ring. Das ist nur eine persönliche Empfindung, aber die muss ich mal loswerden.

Mit Axel bin ich öfter um die Häuser gezogen. Und wo wir zusammen hingingen, sind wir auch zusammen wieder rausgegangen. Ich denke, dass er mich mit seiner ruhigen Art so manches Mal vor Schaden bewahrt hat, wenn meine Wutanfälle auszubrechen drohten.

*

Nach meinem erfolgreichen letzten Jahr, wollte ich 1985 im Juniorbereich einen guten Start haben, um meine Nominierung im Nationalmannschaftskader zu festigen. Das war mein Ziel.

Währenddessen wurde es zu Hause immer schlimmer. Mein Vater soff und die Ehe wurde immer schweigsamer.

Ich wurde egoistischer und verschloss davor die Augen, wollte davon nichts wissen. Trieb mein Unwesen in Frankfurt / Oder, stellte den Mädchen nach, so oft wie es das Training und die Schule nur zuließen.

Das Judo war noch immer Faszination pur.

Es stand mal wieder eine Spartakiade an und wir gingen in die UWV (unmittelbare Wettkampfvorbereitung). Die Trainingslager in Lindow/ Brandenburg und Rabenberg/ Thüringen waren extrem hart. Selbst für uns.

Wir wurden 14 Tage regelrecht kaserniert und hatten dreimal täglich Trainingseinheiten.

Wenn wir nicht k.o. waren und fertig aufs Bett fielen, meistens ungeduscht, dann versuchten wir, uns abzulenken. Schnaps und Zigaretten gab es in der Kantine nur zu Horrorpreisen. Oder aber wir hätten mit einem Ruderboot über den Lindowersee gemusst. Ich kann mich nicht daran erinnern, dass wir das noch geschafft hätten.

Hier, in den Trainingslagern waren nur die Besten ihrer Altersgruppen versammelt. Das hieß arbeiten bis zur totalen Erschöpfung.

Beliebt war dabei, auf dem Ergometer, mit übergestülpter Sauerstoffmaske auf einen Puls weit über 200 zu kommen.

Der Sportkamerad Rene Bast aus der Klasse G/J (Gewichtheben / Judo) hatte ein Eigengewicht von 70 Kilo. Ich saß gerade auf dem Fahrrad, um mich langsam abzutrainieren, als Rene Dips (Ellenbogenbeugen an zwei Holmen, hängend) machte. Er machte sie mit einer 50 Kilo Gewichtsscheibe, die ihm mit einem Gurt am Hals hing. Rene war wirklich stark. Ich fuhr weiter auf dem Fahrrad. Dann steigerte sich Rene auf 70 Kilo zusätzliches Gewicht.

Der Trainer stand dabei und zählte die Dips. Dann wurde das Gewicht auf 90 zusätzliche Kilo erhöht. Rene drückte sich einmal – zweimal nach oben, beugte die Ellenbogen erneut, dann gab es einen so fürchterlichen Knall, dass ich erschrocken den Kopf hochriss. Der Ton klingt mir noch in den Ohren. Rene verlor den Halt und stürzte mit dem Gewicht zu Boden und blieb dort mit schmerzverzerrtem Gesicht liegen. Sein Brustbein war gebrochen. Nur mit einer Sofortoperation konnte der Schaden einigermaßen im Rahmen gehalten werden.

Das hätte mich warnen sollen, aber ich war zu heiß. Trainierte, riss mir den Arsch auf und gab alles. Vielleicht war es eine Folge des Trainings, aber kurz vor der DDR-Meisterschaft hatte ich einen tierischen Darminfekt.

Alles ging mir ab. Auch die Energie und die Kraft. Ich schleppte mich von Trainingseinheit zu Trainingseinheit. So konnte ich nicht auf die Matte.

Aber der Trainer wusste Abhilfe. Ich bekam eine ominöse Spritze und innerhalb von Stunden war ich wieder fit. Die Kameraden fragten verwundert was denn nun los ist. Meine Genesung war ein Wunder.

Aber es reichte nicht. Gut fühlen und fit sein, sind zwei unterschiedliche Dinge. Der Darminfekt hatte zuviel Kraft gekostet und so verkackte ich die Meisterschaft mit einem fünften Platz.

Eines hatte die Spritze jedoch bewirkt, ich war wieder trainingsfähig und stürzte mich sofort hinein. Die Schmach des fünften Platzes brachte mich für Wochen wieder zur Besinnung und der Sport ging vor allem.

Dann stand die Spartakiade auf dem Programm.

Der Sportclub Dynamo Hoppegarten / Berlin war ein fast übermächtiger Gegner für uns. Jahr um Jahr holte er sich die ersten Plätze in der Bezirkswertung. Ich kam ins Finale gegen Sven Griese. Kurz und gut, ich gewann.

Damit war der Endstand von 99:98 zu Gunsten des ASK Frankfurt / Oder gesichert. Wir hatten die Sensation geschafft und die Bezirkswertung zu unseren Gunsten entschieden. Mein Bruder Kay kam in seinem Finale auf den zweiten Platz und wurde ausgerechnet von Wenzel Bürger besiegt.

Das tat der Freude aber keinen Abbruch und zusammen mit Wenzel feierten Kay und ich bis in die frühen Stunden. Wir waren dermaßen besoffen, dass ich am nächsten Morgen nicht die Fahne ins Stadion tragen konnte.

Das zog aber, außer einem verdorbenen Magen, keine weiteren Repressalien für mich nach sich. Der Erfolg war zu hoch zu bewerten.

In diese Zeit fiel auch ein Paket, das für mich in der Wächterstrasse in Rostock angekommen war. Es war von meinem Onkel Klaus aus Berlin-West, dem verdammten Revolutionär.

Mich ritt mal wieder der Teufel und ich erzählte davon meinem Trainer, der aber nur die Achsel zuckte:

„Na dann, guten Appetit!"

Nach dem Erfolg bei der Spartakiade kamen wieder diese Langeweile und die Unruhe nach neuen Dingen und Herausforderungen. Es trieb mich wieder in verbotene Gefilde.

Jetzt trug ich überwiegend grüne, amerikanische Militärhosen. Die Haare waren hinten noch höher ausrasiert, nur der Pony war geblieben.

Es drängte mich immer mehr danach, meine eigene Meinung nach außen zu tragen.

Trotz meiner Zugehörigkeit zur Nationalmannschaft, guter sportlicher und schulischer Leistungen, fühlte ich mich unausgefüllt und unterfordert.

Diese ständigen bohrenden Fragen in meinem Kopf, nach dem Für und Wieder in dieser Welt machten mich marode. Alles ging mir zu langsam, engte mich aber auch gleichzeitig zu sehr ein. Es gab so viele Dinge, die ich erfahren wollte. Mit sechzehn Jahren und über 100 Kilo Eigengewicht, als ausgebildeter Kampfsportler, hatte ich auf der Strasse niemanden zu fürchten und doch war es das Einzige, mit dem ich mich unter Beweis stellen konnte. Das schien mir nicht genug. Ich musste schneller zum großen Erfolg kommen oder noch etwas finden, was mich ausfüllen konnte.

Alles, was ich immer bewundert hatte, geriet nun ein wenig ins Wanken. Der ASK wurde ja ähnlich der NVA geführt, schon mit einer unheimlichen Nähe zur Wehrmacht. Dieser Vergleich wurde eigentlich gerne gehört und drückte so etwas wie Stolz aus. Stolz auf den Korpsgeist, der hier gepflegt wurde, auf das Stillschweigen und den bedingungslosen Gehorsam.

Alles was hier intern vorfiel, blieb auch hier. Nach außen dokumentierte der ASK eine Geschlossenheit, wie eine Mauer. Da kam von extern niemand hinein. Wir hielten zusammen wie eine

Bruderschaft, egal, was auch unter uns ausgetragen wurde. Aber gerade diese Welt, schien mir plötzlich zu eng zu werden. Diese Mauer schützte mich plötzlich nicht mehr, sonder sie sperrte mich ein.

Vielleicht merkte das die Sportführung, die war ja immer unter uns und beobachtete uns. Eines Tages musste ich zum „Doc", einem ca. 175 Meter großen, etwas teigigen Mann, mit fahler Blässe im Gesicht. Die Haare streng nach hinten gekämmt, wobei der Haarwuchs sich durch große Geheimratsecken auszeichnete. Auf der etwas hageren Nase trug er eine schwarze Hornbrille, die seine Pupillen groß und starr erscheinen ließ. Der schwarze Anzug und die knochigen Hände, die aus den Ärmeln hervorragten, hatten ihm den Spitznamen „Eichmann" eingebracht. Auf Grund seiner Experimentierfreudigkeit nannte ihn der eine oder andere auch „Mengele".

Es war eine Routineuntersuchung. Er nickte, brabbelte etwas von Wachstum und Vitaminen und gab mir dann eine kleine orangefarbene Pille:

„Nimm das ruhig, das sind Vitamine!"

Gehorsam schluckte ich das. Dann drückte er mir noch etwas Alufolie in die Hand:

„Davon nimmst du jeden Tag eine!".

Auf meinem Zimmer zog ich die Alufolie auseinander und fand noch mehr Pillen.

Das Triumvirat aus Bezirksparteileitung – Jenapharm – Sportklub, hatte ein neues Mitglied. Die Stoffnorm hatte mich erreicht und ich schluckte Oralturinabol. Allerdings in der festen Überzeugung, dass es Vitamine waren.

Das Zeug machte mich nicht nur stärker, es machte mich auch aggressiver.

Nach einiger Zeit erhielt ich blaue Pillen, das war die nächst höhere Dosierung. Da wusste ich, dass sie mich mit Steroiden und Testosteron vollpumpten. Aber das war mir scheißegal. Ich geriet sowieso zunehmend immer mehr außer Kontrolle. Um Weltmeister oder Olympiasieger zu werden, hätte ich sogar rohe Bulleneier gefressen.

Mein Training wurde noch intensiver und ich auch cholerischer. Mancher Sportkamerad ging der Auseinandersetzung mit mir aus dem Wege, aber die Trainer waren begeistert. Das Zeug schien auch eine Art Schmerzunempfindlichkeit mit sich zu bringen. Ich wurde zum Berserker.

Ich klotzte meine Belastungstests (BT) runter, bis ich umfiel oder die Ärzte auf Grund der Werte den Test abbrachen

BT 1 war ein Ergometertest, bei dem man auf das Rad gesetzt wurde und an Elektroden angeschlossen wurde, dazu ein Blutdruckmeßgerät um den Arm bekam, eine Maske, durch die eine zugeteilte Sauerstoffmenge zugeführt wurde. Außerdem wurde alle zwei Minuten, mittels Blutabnahme am Ohr, der Laktatwert bestimmt.

Nach einem leichten Beginn steigerte sich der Test, in dem die Wattzahl erhöht wurde, das zur Folge hatte, dass der Sauerstoff in der Maske nicht mehr ausreichte. Bei schwächeren Seelen kam es dabei schon zu Platzangst. Aber die Belastung wurde so hoch getrieben, bis man vom Ergometer fiel.

BT 2   brachte mir den Kraftkreis, der aus ca. sieben oder acht Stationen bestand. 15 Mal schräges Klimmziehen, dann drei Gegner werfen. Nach hinten, nach vorne und zur Seite. Danach einen Schlängellauf, also um Pylonen, aber auf Tempo, sofort im Anschluss zehn Liegestütze, dann sechs Bälle fegen und im

Anschluss fünf Mal auf einen Kasten springen, um dann fünf mal einen Dummy, also eine Puppe, werfen.

Das ganze unter Tempo und den Anfeuerungen der Trainer. So wurde ein Kampf simuliert. Das Ganze dann mit vier oder fünf Wiederholungen.

BT 3   Diesmal zog man einem Dummy einen Judoanzug an. Die Puppe war mit einer technisch aufwendigen Apparatur verbunden, über einen Seil-Magnetmechanismus, über den die Sportmediziner der DHFK (Deutsche Hochschule für Körperkultur in Leipzig) die Widerstandskraft einstellen konnten. Das Ganze war so auf ein Gestell montiert, dass man damit nicht umfallen konnte. Nun musste der Sportler Vollgas geben und drei Minuten lang werfen und anreißen, werfen und anreißen, werfen und anreißen.Mit diesem Mechanismus war man sogar in der Lage, ein ganzes Turnier zu simulieren. Mit Hilfe eines angeschlossenen Computers wurde die Kraftleistung gemessen. Vor allem, in welchem Zyklus sie abnahm. Das ganze Programm wurde bis zu fünfmal wiederholt. So lieferten wir die notwendigen Daten über uns, auch Lactatwerte, Erholungsgeschwindigkeiten, Grad der Fitness und so weiter.

Auch außerhalb des ASK-Geländes ging ich immer öfters an die Belastungsgrenze. Die Saufexzesse nahmen zu, steigerten sich bis zum Komasaufen.

Die Aggressivität setzte mich auch unter Druck. Menschen zogen sich von mir zurück, ich war erst sechzehn und suchte auch nach menschlicher Wärme. Aber alle, die es versuchten, stieß ich vor den Kopf und benahm mich wie ein Despot. Mit diesem Phänomen des Stresses kam ich überhaupt nicht klar und versuchte, ihn auf die einzige Art zu besiegen, die ich kannte, mit Gewalt.

Rhetorisch war ich nicht in der Lage, mich zu äußern, aber das interessierte niemanden. Dann kam ein neuer Trainer, mit dem ich überhaupt nicht klar kam. Er kotzte mich an. Schon wenn ich seinen Namen hörte, bekam ich Schweißperlen im Nacken. Seine Stimme brachte mein Blut zum Rauschen und sein reiner Anblick verursachte mir Übelkeit.

Ich hätte eine Auszeit nehmen solln, das hätte vielleicht alles anders verlaufen lassen. Aber wo sollte ich hin. Zu Hause wurden die Zustände auch immer kälter. Die Ehe meiner Eltern neigte sich dem Ende zu. Kay wollte ich damit nicht belasten. Also wieder hinein in einen Kampf, ein Turnier oder am Wochenende in eine Disko. Das Kinn auf die Brust, die Fäuste nach vorn und versuche zu zerreißen, was du in die Finger bekommst. Ich hatte die Schnauze voll vom Drill, hatte keinen Nerv und keinen Bock mehr.

Vielleicht wäre alles noch früher eskaliert, wenn nicht noch ab und zu ein paar Bekannte da gewesen wären, die sich Zeit für mich genommen hätten. Wie auch Katrin Bierig, die sich gelegentlich zu mir an den Tisch setzte und die eine oder andere Molle mit mir trank. Danke Katrin.

Nicht zuletzt auch Axel Schulz, der es schaffte, mich mit seiner ständigen guten Laune, das eine um das andere Mal aus meiner Wut zu holen. Ich weiß gar nicht, ob er das absichtlich machte oder ob es einfach in seiner Natur lag, diesen Optimismus auszustrahlen.

Mit ihm war ich auch in der Feinmechanikerklasse oder wir hingen gelegentlich im „Grünen Hof" ab, einem Lokal mit dem Spitznamen „Ast".

Dann gab es noch das „Handel 80" oder auch „18te" genannt, weil es in der achtzehnten Etage des Jugendtouristhotels war.

Da fällt mir ein, wie ich mit Axel mal etwas aus dem HFO (Halbleiterwerk Frankfurt/Oder) holen sollte. Dazu mussten wir zu

Fuß durch Frankfurt / Oder. Normalerweise ein Zeitaufwand von einer halben Stunde, aber wir brauchten gut zwei und hatten dabei eine Wette zu laufen.

Jeder von uns beiden grüßte soviel Mädels, wie er sah. Für jedes Mädchen, was zurück grüßte, musste der andere ihm abends dann einen ausgebe.

Ich weiß heute noch nicht warum, aber Schulle, das Arschloch, den grüßte jede zurück und mich nicht eine.

Das Ende vom Lied war, dass ich die komplette Abendrechnung der Getränke bezahlen musste. Und Schulle konnte umsonst trinken!

Während mir diese Gedanken durch den Kopf gehen, erinnere ich mich auch wieder an Henry Maske, der gerade in diesen Tagen, im März 2007, seine große Rückkehr in den Ring gefeiert hat. Zehn Jahre, nachdem ihn Hill besiegt hatte.

Es hat sich nichts geändert. Er ist noch genauso unpersönlich wie damals. Ich kenne dieses Gesicht, die teilnahmslosen Augen. Da nutzt es gar nichts, wenn er die Zähne zeigt. Henry kann nicht lachen. Er trägt den richtigen Namen – „Maske". Denn alles, was man zu sehen bekommt, ist eine Maske. Nie habe ich einen mehr von sich eingebildeten Sportkollegen getroffen. Extrem von sich eingenommen. Immer nur Oberstleutnant und nicht Mensch. Er hat auf seinen Privilegien bestanden. Hat die Sportkameraden stramm stehen lassen. Wenn seine Frau einen Schnupfen hatte und er sie in die sportmedizinische Abteilung beim ASK brachte, stand für alle anderen der Betrieb still. Henry Maske verursacht mir Übelkeit.

Wenn der ASK über die Landkreise fuhr, um dort Vergleiche zu haben, sich zu präsentieren oder um Lehrgänge zu geben, wurde Maske von den dort lebenden Menschen stets ausgebuht, während wir gefeiert und freundlich begrüßt wurden.

Eine Nähe zu sich hat er nie zugelassen, es sei denn, es hätte seinen Vorteil bedeutet.

Athletisch ist ihm nichts vorzuwerfen. Er ist ein harter, besessener Arbeiter, der sich selbst nicht schont. Auf mich wirkt er wie ein Roboter, ein Androide.

Seit damals, beim ASK, ist mir Maske auf das Äußerste unsympathisch und ich bin froh, dass ich nicht so wie er geworden bin.

Und ich nahm weiter die kleinen blauen Pillen und steigerte mich weiter ins Training und in die Auseinandersetzungen.

Im Februar 1986 fuhr ich zum Skilaufen ins Klingental. Wie bei allem, was ich machte, ging ich auch hier ans Extrem, allerdings mit einem zweifelhaften Erfolg. Ich stürzte dermaßen schwer, dass ich mir wieder mein Knie verletzte.

Bei einer Operation wurden mir die letzten Knorpel entfernt. Diesmal hatte ich Schwierigkeit, wieder ins Training zu kommen. Ich versuchte es, kam aber nicht mehr so richtig auf Touren. Ich wurde immer unzufriedener und stänkerte mit jedem herum. Das Saufen nahm zu und meine Einsatzbereitschaft beim Training war nicht optimal. Die ganzen letzten Monate wirkten sich nun auf mich aus. Ab und zu drückte ich mich mit einigen scheinheiligen Ausreden vorm Training, bis mich mein Trainer als Simulant beschimpfte.

Die Situation spitzte sich im Mai zu, als mich der Panz aus der Seniorenklasse wirklich anmachte. Er beschimpfte mich so, dass ich ihm den Stinkefinger zeigte. Es kam zur Hauerei, bei der ich ausrastete und ihn schwer verjackte.

Ich hatte wohl übertrieben, denn was jetzt kam, war eine Kollektivstrafe. Mit Einwilligung des Trainers, bezog ich eine Abreibung von allen.

Ausgerechnet mein heutiger Freund Jörg Brümmer, der damals beste Bodenkämpfer, hatte den Hauptanteil. Er hat mich gewürgt, geschlagen, in die Fresse gehauen.

Das Ganze war richtig link eingefädelt und begann mit einer normalen Trainingseinheit im Bodenkampf. Aber mein Abklopfen wurde ignoriert. Stattdessen hagelte es Hiebe.

Das war zuviel. Ich habe geheult vor Wut, vor Hilflosigkeit. Mein Hass war unbeschreiblich.

Und irgendetwas war zerstört. Mein heiliger Gral war für immer versunken und Camelot zerfiel in Staub und Asche. Es war ein Schmerz ohnegleichen, als ich den ungeheuerlichen Gedanken endlich begriff, der sich durch meine Gehirnwindungen schlich, wie ein Monster, ein Bestie, die es wagte, ein Tabu zu brechen:

„Ich will nicht mehr!"

Zuerst bin ich erschrocken. Die letzten fünf Jahre zerbrachen, die Mühen, die Plagen, die Schmerzen, die Freuden, die Triumphe und die Anerkennungen.

Ich lag auf meinem Bett und lauschte den Worten nach:

„Ich will nicht mehr!"

Ich sagte es, ich hörte es und ich begriff, dass es vorbei war.

Die heilige Bruderschaft gab es nicht mehr.

Aber noch war ich Alex Czerwinski und einen Nachfolger für mich gab es nicht. Ich war für den ASK in meinem Bereich unentbehrlich.

Im Sommer dieses Jahres schickten sie Kay nach Hause. Es war offensichtlich eine Repressalie, die gegen mich gerichtet war. Man deutete damit an, dass man die Familie gegen mein Verhalten einsetzen würde. Was das für Kay bedeutet haben muss, wage ich nicht zu ermessen.

Täglich gab es immer wieder kleine Schikanen. Feine Nadelspitzen, sie sollten mich brechen, wieder linientreu machen. Mich wieder in die Spur bringen.

Oberstleutnant Borgwand zitierte mich zu sich:

„Czerwinski, mir ist zu Ohren gekommen, dass du dich in deiner Freizeit in der Stadt rumprügelst, dich besäufst und den Weibern nachstellst! Das schadet dem Ansehen des ASK! Wenn das nicht aufhört, können wir dich nicht vor Disziplinarstrafen oder im schlimmsten Fall vor Gefängnis retten!"

„Es geht nicht, ich verstehe das alles nicht mehr!"

„Mann, reiß dich zusammen. Du vertrittst unseren Staat vor der ganzen Welt!"

Auch das konnte mich nicht mehr motivieren. Ich versuchte die alte Leidenschaft wiederzufinden, die Begeisterung für den Kampf und vor allem diesen Stolz wieder aufleben zu lassen, der mich mit der Zugehörigkeit zum ASK erfüllt hatte.

Es ging nicht. Plötzlich erschien alles in einem anderen Licht. Das Trainingsgelände strahlte nicht mehr den Glanz aus. Ich entdeckte viele kaputte Dinge, den Dreck auf der Matte, die Blutflecken an den Arbeitsgeräten. Die Gänge und Räume waren nicht länger Ruhmeshallen, sondern Baracken ähnlich, mit Wasserflecken an der Decke und blinden Stellen auf dem Linoleum.

Die Gesichter der Trainer, Erzieher und Betreuer hatten gemeine Züge. Zum ersten Mal erkannte ich ironisches Grinsen und sadistische Freude. Das waren keine antreibenden, enthusiastischen Stimmen, die uns nach vorne trieben und zu Höchstleistungen anspornten. Nein, das waren eiskalte, kalkulierte Befehle, die uns alles abforderten, egal ob wir dabei auf der Strecke blieben, ob es uns kaputt machte. Erfolg! Erfolg, zu Ehren des ASK und für die Geldbeutel der Antreiber. Sie hatten nur eine Aufgabe, menschliche Ware drillen und zu verheizen für eine Norm, ohne Rücksicht auf moralische Werte.

Mich schauderte. Was half dagegen?

Im Sommer dieses Jahres fand auch eine weitere Sache ihren Abschluss. In Rostock kam ich ins Vögenteich-Café.

Und plötzlich war da wieder dieses Gesicht, diese Fratze. Vor mir war diese grinsende blassfarbige Fresse mit den Sommersprossen. Es war der Schläger vom Spielplatz, als ich mit Kay zusammen die Prügel bezogen hatte.

Diesmal grinste er nicht mehr. Wortlos bin ich auf ihn zugestampft. Zu spät stand er auf und versuchte sich rückwärts aus der Gefahrenzone zu begeben.

Ohne ein Wort stieß ich ihm meine Stirn ins Gesicht, ließ eine Judotechnik folgen, die ihn auf den Boden warf. Zwischen umgestoßenen Tischen und Stühlen und fliehenden Gästen gab ich ihm den Rest. Gab ihm die Prügel zurück, die Kay erhalten hatte und zahlte ihm heim, was er mir angetan hatte.

Sein Gesicht hatte nichts mehr von der gemeinen Fresse, sie war nur noch blutig.

Ruhig bin ich davon gegangen.

Von dieser Stunde an war mir klar, wenn du mit dir im Reinen sein willst, musst du Sachen abhaken können, damit sie ein für alle mal erledigt sind.

Die letzten Wochen des Jahres verbrachte ich zwischen Delirium, Unlust fürs Training und halbherzigen Einheiten. Dann ging es nach Hause.

Dort in der Wächterstrasse lag ich auf dem Bett und habe alles noch einmal überdacht. Wo ich stand und was vom Traum des Weltmeisters übrig geblieben war.

Den gab es nicht mehr. Mit dem Zerfall des Glaubens an diese Bruderschaft, war er zerplatzt wie ein Ballon.

„Ich will nicht mehr!"

So bin ich dann in den ersten Tagen des Jahres 1987 zurück nach Frankfurt/Oder gefahren und habe meinen Abschied bekannt gegeben. Das hat einigen Wirbel verursacht und auch die Funktionäre auf den Plan gerufen. Trotzdem blieb ich bei meiner Entscheidung. Beim Training ließ ich mich nicht mehr sehen, packte nach einigen Tagen meine Sachen und fuhr nach Hause.

Dort war allgemeines Entsetzen. Und wie zur Bestätigung tauchte auch schon eine Delegation von fünf oder sechs Leuten auf, die meine Eltern unter Druck zu setzen versuchten. Von wegen der Investitionen, die man in mich getätigt habe und auch für die Ehre der DDR, welche Folgen meine Haltung auf die jüngeren Jahrgänge habe. Sie richteten einen Appell an meine Verantwortung gegenüber der DDR-Gesellschaft.

Sie mahnten auch an, dass ich schließlich ein Geheimnisträger sei, der alle Einzelheiten des ITP (Individueller Trainingsplan) wusste. Wenn ich nun nicht mehr so linientreu wie zuvor sei, bestünde Gefahr, dass ich diese höchstwissenschaftlichen Trainingspläne der Nationalmannschaft an den Westen verraten könnte. Da wurde schon ziemlich deutlich gemacht, dass man einer solchen Möglichkeit rigoros den Riegel vorschieben würde und ließ durchblicken, dass die Gegebenheiten durchaus Anlass zu konsequenten Maßnahmen rechtfertigen würden.

Es half nichts. Ich wollte nicht mehr.

Also machte ich mich auf die Suche nach einem Job oder einer Lehre. Das konnte kein Problem für einen kräftigen, jungen Kerl sein. Als erstes versuchte ich es bei der DSR (Deutsche Seereederei). Ein paar Tage nach meiner Vorstellung ging ich optimistisch wieder dorthin, um mir das Okay abzuholen. Der Mann hinter dem Schreibtisch hatte ein breites Lachen für mich übrig:

„Mann, das können sie knicken. Mit der Kaderakte können sie froh sein, wenn man sie überhaupt noch bis in die Nähe der polnischen Grenze lässt!"

Die „Kaderakte mit Totenkopf", wie es im DDR-Jargon hieß und die so oft zitiert wurde, war nur ein Bild. Diese Totenkopfakte wurde denjenigen hinterhergesagt, die sich mit dem System angelegt hatten und die nun Repressalien zu erwarten hatten. Nun hatte auch Alexander Czerwinski eine rote Kaderakte mit Totenkopf.

Scheiß was drauf.

Privat war meine ruhmlose Rückkehr nicht ganz so dramatisch. Freunde und Bekannte nahmen es ziemlich gelassen hin. Manchmal hatte ich sogar den Eindruck, dass sie froh darüber waren, dass ich wieder Alex war und nicht der Elitekämpfer vom ASK. Aber es war auch eine Zeit der Umgewöhnung, so kam es, dass ich mich zu Beginn des neuen Lebens mehr mit Ehemaligen vom ASK umgab. Menschen, die dort gewesen waren, verstanden meinen Frust und meine Haltung besser.

Einen großen Anteil an der fairen Aufnahme rund um die Wächterstrasse, hatte sicherlich auch Medizinalrat Dr. Tolzin, der unser Nachbar in Rostock war. Er hatte schon während des letzten Sommers bei einer Untersuchung in den Ferien den Verdacht geäußert, dass ich mit Dopingmitteln manipuliert wurde. Auch ihm habe ich darauf nicht geantwortet. Ich nehme an, dass Dr. Tolzin meine Heimkehr gegenüber den Nachbarn positiv erwähnt hat und das war eine gute Reputation.

Nun begann der Jobmarathon. Ich probierte alles und versuchte sogar bei einer LPG (Landwirtschaftliche Produktionsgenossenschaft) anzuheuern, um mich an GVE´s zu probieren. GVE (Großvieheinheit) nannte man die Kühe.

Nichts ging, nirgendwo konnte man mich gebrauchen. Der Arm des ASK und der Partei war lang und reichte weit.

Dann tauchte ein weiteres Problem auf. Ich war ein hochgezüchteter Muskelberg. Nun, ohne Training, begann ich langsam zu verfallen und zu verfetteten. Einige Organe begannen zusammenzubrechen. Ich bekam Atembeschwerden.

Wie es eigentlich üblich war, wollte ich mir einen Abtrainierungsplan einholen, der üblicherweise unter medizinischer Aufsicht durchgeführt wurde, wenn ein Sportler nicht mehr aktiv war. Die Ablehnung war reine Schikane.

Nach einigen Wochen der Ablehnung erbarmte sich Frau Glaucke vom Olympiastützpunkt, erstellte einen Ernährungsplan und wies mich im Februar in die Uni Rostock ein. Dort wurde ich nach Doping befragt. Aber ich war schon zu fertig, hatte die Staatsmacht gespürt, mit der ich mich angelegt hatte. Ich hatte Warnungen erhalten und eindeutige Ansagen bekommen. Ich hatte Angst um mein Leben und fürchtete, dass man mich platt machen könnte. Also antwortete ich:

„Nein, dazu kann ich nichts sagen. Die Medikamentierung war immer VS (Verschlusssache)."

Damit war ich durch mit dem ASK, der Partei und dem Staat.

BOMBERJACKE
UND SPRINGERSTIEFEL

Tja, und dann begann ein neues Zeitalter für mich. Und das begann ausgerechnet im Tal der Ahnungslosen, wie im allgemeinen Dresden genannt wurde. Nicht zuletzt deshalb, weil man dort kein Westfernsehen empfangen konnte.

Ich hatte eine Brauerlehre begonnen und dafür war ich im Sechswochenwechsel einmal in Dresden, einmal in Rostock.

Dann traf ich in Dresden auf Harri Richter und Holger Meise. Bei ihnen noch so drei oder vier Leute. Harri war der Boss dieses unorganisierten Haufens. Aber wie sie auftraten!

Glatze, Doc Martens, Bomberjacke, Jeans. Das machte Eindruck.

Ich traf die Truppe in irgendeiner Kneipe und wir vertieften uns als erstes in ein Gespräch über Musik. So lernte ich mehr über die „Bösen Onkelz", „Screw Driver", „Endstufe", „KDF" und alle anderen kennen.

Die kleine Gemeinschaft strahlte etwas von dem Zusammenhalt aus, wie ich ihn beim ASK kennengelernt und wieder verloren hatte. Sie zeigten sich in ihrer besonderen Darstellung und Haltung ohne Scheu und drückten damit auch eine gewisse Provokation aus, zu der sie standen und für die sie eintraten. Das imponierte mir auf den ersten Blick und ich wollte dazugehören.

Ohne meine Lehre zu vernachlässigen, rückte ich langsam immer mehr in die Nähe meiner neuen Kumpels. Es hatte etwas von dem Geruch einer neuen Heimat.

Dresden war ja schon ein wenig mehr gegen die Regierung eingestellt, als der Rest der Republik und so bekamen wir hier gelegentlich Unterstützung, wenn wir auf der Strasse unterwegs waren. Mal ein wohlgefälliges Nicken, mal eine geballte Faust als positiven Gruß und auch das eine oder andere beifällige Wort.

Es dauerte nicht lange, dann ließ ich mir eine Glatze schneiden. Nur mit den Klamotten war ich noch nicht im Rennen, aber das würde werden.

Auf Grund meiner Lehre war ich nicht gerade reichlich mit Geld gesegnet, wenn ich auch mit meinem Deputatanteil aus der Brauerei meinen Anteil zum Feiern beitragen konnte. Unsere kleine Gruppe wurde auch vom Sozialneid gegenüber anderen zusammengefügt. Uns einte der Hass auf die Nordafrikaner, die mit mehr Geld einfach immer wieder auf „Don" machten und sich überall einmischten.

Da fiel dann auch das ein oder andere Mal: „Scheiß Nigger!", was damals auch ehrlich gemeint war.

Meine gute Oma hatte mir inzwischen im Westen Doc Martens und eine Bomberjacke gekauft. Ich glaube nicht, dass sie wusste, was es damit auf sich hatte. Sie schnitt mir nur Grimassen, um damit deutlich zu machen, dass sie meinen Modegeschmack nicht teilte.

Nun war ich in Dresden ein vollwertiger Skinhead und wie ich wohl behaupten darf, auch ein ziemlich auffälliger. Irgendwie änderte sich alles. Wir hatten ständig Kontrollen durch die Polizei, wenn wir irgendwo in Erscheinung traten. Neben der Bestätigung durch einige Bürger, bekam ich am Rande auch mit, dass wir Schrecken verbreiteten und einige Leute auch Angst hatten, wenn wir irgendwo einflogen.

Je mehr ich zur Gruppe gehörte, umso weiter lernte ich auch die Hintergründe kennen.

Stasiakte:

Er unterhält Verbindungen zu Skinheads aus anderen Bezirken der DDR.

Es bestanden Kontakte in die BRD. Vor allem zur Bielefelder FAP. Gemeinsame Treffen fanden meistens in Prag statt.

Es war mir egal, ich fühlte mich wohl. Ich konnte stolz auf meine Herkunft sein und dies auch öffentlich zeigen. Ich brauchte die Gruppe nicht als Schutz oder um stark zu sein, das war ich selbst. Aber sie bestätigte mich in meinen Gefühlen und nahm mir die Angst, alleine mit meinen Gedanken und Gefühlen zu sein. Die Gruppe dokumentierte Gemeinschaft.

Einer von uns war „Spiemi", dass ist die Abkürzung von „Spielzeugminister". Diesen Namen hatte er sich durch die Tatsache verdient, dass er jedes Mal, wenn er besoffen war, was ja nicht so selten vorkam, einen Wehrmachtssoldaten in Form einer Spielzeugfigur in Sanitäteruniform auf den Tisch stellte.

„Spiemi" hatte es auch fertig gebracht, in einer vollbesetzten Straßenbahn einen Farbigen zu belehren. Er versicherte dem glaubhaft, dass „Pieter Botha", der damalige Premierminister von Südafrika, sein Onkel sei. Ob es der Farbige glaubte, weiß ich nicht, aber er stieg an der nächsten Haltestelle aus und ich schwöre, wir waren nicht die einzigen der in der Straßenbahn zurückgebliebenen, die grinsten.

So demonstrierten wir Macht und Stärke. Vor allem in der „Uni Mensa", im „Bärenzwinger" und in der „Scheune". Es war ein tolles Gefühl und wir berauschten uns daran, wenn geflüstert wurde: „Da kommen die Rechten". Farbige wechselten vorsichtshalber die Seiten, Türsteher grinsten und machten den Eingang frei, wenn die weißen Schnürsenkel in den Springerstiefeln aufblitzten. Es gab Freibier und Bewunderung. Das konnte ich gebrauchen.

Ausgerechnet am heutigen „Münchner Platz" (damals Salvatore Allende Platz), in der Nähe des Landgerichts" gab es die Gaststätte „Münchner Platz", die aber allgemein nur „Meineid Schänke", genannt wurde.

Es war zwar ein Schweinebums, weil es ständig schmuddelig war, aber hier traf man auf Menschen, die gleiches Gedankengut austauschten. Schon ein wenig merkwürdig, als wenn es eine heimliche Aura gegeben hätte, wenn man bedenkt, dass ein paar Meter weiter im Gericht, zu Nazizeiten und unter Erich Honecker, noch Todesurteile gesprochen und durchgeführt worden sind.

Unter dem Fallbeil haben von 1933 bis 1945 an die 1000 Menschen dort ihren Kopf verloren. Aber nach 1945 gab es hier noch sechs Todeszellen und die stalinistische Justiz vollstreckte auch nach dem Weltkrieg weiter.

Die letzte Hinrichtung fand 1970 oder 71 mit einem Genickschuss statt.

Meine Lehre zog ich durch, selbst wenn es dort schon einmal die eine oder andere Bemerkung gab, konnte man mir nichts Negatives vorwerfen.

So also ausgestattet mit meiner neuen Identität und mit neuer Persönlichkeit machte ich mich im August 1987 per Zug auf den Weg nach Rostock. Je näher ich meiner Heimatstadt kam und je öfter die Mitreisenden wechselten, desto seltsamer wurden die Blicke, die mich trafen. Ich dachte mir nicht viel dabei, sondern sonnte mich in der mir entgegengebrachten Aufmerksamkeit.

Als ich am Rostocker Hauptbahnhof ausstieg, fiel es mir wie Schuppen von den Augen. Hier zu Hause, hatte man noch nie einen leibhaftigen Skinhead zu sehen bekommen. Viel darüber gehört, mal was gelesen und eventuell auch mal den einen oder anderen Bericht im Fernsehen gesehen. Aber das hier war die Premiere. Alexander Czerwinski war der erste Skinhead von Rostock. Erhobenen Hauptes und mit geschwellter Brust, trug ich meine Glatze und mein Outfit vom Bahnhof in die Wächterstrasse. Für meine Eltern war es von da an wohl ein Spießrutenlauf, für die Rostock beherrschenden Hippies eine Provokation und für mich ein Triumphmarsch.

Zu Hause angekommen gab es unterschiedliche Reaktionen.

Mutter und Oma sagten gar nichts, sahen sich nur an. Mutter schüttelte den Kopf und Oma machte mit der Hand den Scheibenwischer vor ihrer Stirn.

Die waren auch schon andere Sachen gewohnt. Kay hatte sich inzwischen als Gothic eingerichtet. Sein ganzes Zimmer war schwarz gestrichen. Als besondere Dekoration lag eine Eisenbahnschiene in seiner Behausung. Seine Kopfseiten hatte er sich kahlrasiert, während der Rest mit Zuckerwasser in die Höhe gestylt war. Dazu trug er einen Anzug, wie ihn Robert Smith von „The Cure" trug. Kay hatte sich den extra nachschneidern lassen.

Von daher waren Mutter und Oma schon abgehärtet, wenn auch nicht ganz teilnahmslos.

Anders da mein Vater. Er blökte mich an: „Du bist ein Arschlochkind, mit deiner Naziideologie!"

Aber ich hatte mich gewappnet und entgegnete: „Immer noch besser als du mit deiner Scheiß Betriebskampfgruppe!"

Er war immer öfter besoffen und unser Verhältnis gab es eigentlich nicht mehr. Ich wohnte unterm Dach, während er seine Zeit unten verbrachte. Ab und zu rasselten wir zusammen. Später, wenn gelegentlich die Diskussion aufbrach, hielt ich ihm auch noch die Verlustquote vor, die man ausgerechnet hatte. Auf einen Ami wären im Kampf neun Mann der Betriebskampfgruppe gekommen. Sein wutverzerrtes Gesicht habe ich dann immer genossen.

Stasiakte:
Ort der Zusammenkünfte – Jugendklub „Max Reichpietsch"
Rostock, Wohnungen von Mitgliedern

Zur Zeit meines Einmarsches in Rostock war ich die absolute Sensation. Noch konnte niemand etwas damit anfangen und die Opposition zu mir, die Hippies, die linken Zecken und andere Weicheier nannten mich hinter vorgehaltener Hand den „Popper mit den Clownschuhen". Noch war es hier in der Hafenstadt eher das Schaulaufen als bunter Vogel.

In Dresden war das anders, da hatte die Gruppenarbeit im Skinheadclan schon ernstere Züge angenommen. Hier wurde politisch agitiert, es gab Revierkämpfe und auch ideologische, handgreifliche Auseinandersetzungen. Hier knallte es gelegentlich schon öfter und auch härter.

Zwar waren meine Leistungen in der Lehre noch immer überdurchschnittlich gut, doch ich revoltierte gegen die Regeln. Zum Beispiel ignorierte ich die Schlafzeiten im Internat und überzog den Zapfenstreich.

Mein Glück war, dass Professor Kunze seine schützende Hand über mich hielt. Ein Mann, der meinen Respekt hat, was ich aber erst viel später erkannte.

Professor Kunze war ein Schrank von einem Mann. Groß, breit, mit einem markanten Vollbart im Gesicht.

Man hatte ihm deutlich klar gemacht, wenn er im Ausbildungsbereich arbeiten will, müsse er in der Partei sein. Er hat es dann auf seine eigene Art interpretiert und ist in den Ableger der CDU eingetreten.

Das war aber in Ordnung, zumal er ein weltweit anerkannter Experte auf dem Gebiet der Brauerei war.

Dieser Mann war meine Rückendeckung und ich verdanke ihm sicherlich, dass ich die Lehre beenden konnte.

Noch heute überkommt mich ein Grinsen, wenn ich daran denke, wie er in die Klasse kam. Er entblößte seine Zahnreihen, grinste und haute seine Unterlagen mit einem Knall auf das Pult. Dann guckte er in die Gesichter von uns Männern, rieb sich die Hände: „So Mädels, jetzt geht's los!"

Ich steppte also auf zwei Bühnen.

*

Zurück zu meiner Ankunft in Rostock.

Ich ließ mich am nächsten Tag in voller Montur im „Caro-Cafe" sehen. Als ich die Tür aufstieß und eintrat, herrschte erst einmal Stille, bis in die Stille von irgendwoher eine Stimme fragte:

„Wie siehst du denn aus?""

Meine breite Brust hob sich ein wenig mehr und ich stieß im Brustton der Überzeugung hervor:

„Ich bin Skinhead."

Nun sind die Leute von der Küste weniger sensibel und gewohnt mit ungewöhnlichen Sachen umzugehen. Ich erntete mehr Kopfschütteln und auch manches Grinsen.

Aber eine kleine Gruppe fand meinen Auftritt auch cool. Vor allem deshalb, weil ich der Erste in Rostock war.

So fanden wir uns zusammen.

Steffen Neumann, Volker Somann, „Schnitz" Dirk Schneider, „Public" der Punk, „Daddy" und „Molle" Michael Mollnau.

Ich denke mal, damit haben wir in Rostock eine neue Ära eingeleitet. Die Jungs besorgten sich innerhalb kürzester Zeit die notwendigen Anziehsachen, schnürten die Stiefel mit weißen Senkeln und rasierten sich eine Glatze.

Es gab einige warnende Stimmen und immer wieder Leute, die uns von unserem Auftreten abrieten.

Es war 1987 und wir lebten in der DDR.

Stasiakte:
Gruppierung von Skinheadsympathisanten in Rostock

Vor allem aber waren wir eine neue Gruppe und mussten uns erst einmal Respekt verschaffen, wie wir ihn verstanden. Respekt und Anerkennung waren auf der Strasse zu holen.

Damals gab es bei uns die „Stormbringer", eine harte Rockergruppe. Mit denen gab es keinen Ärger, sondern es herrschte eine stillschweigende Akzeptanz.

Dafür rasselten wir mit schönster Regelmäßigkeit mit den üblichen Verdächtigen zusammen, wenn wir in ihrem Revier auftraten. Das waren die Stauer aus dem Hafen, die Kohlenarbeiter, die Schrottbrenner und so. Es ging nicht um politische Überzeugung, sondern einfach um das anders sein.

Wir erlebten es auch, dass wir Außenseiter waren, eine Minderheit.

Über uns wurden Witze gemacht und anzügliche Reden gehalten. Vor allem aber wurden Herausforderungen in verbaler Form an uns herangetragen und die nahmen wir gerne an.

Eine weitere Gruppe, die versuchte uns zu unterdrücken, waren die BVer, die Berufsverbrecher, die in ihren Kaschemmen froh über die Abwechslung mit uns Glatzen waren.

Ich sehe noch einen von ihnen vor mir, eine richtig harte Kante. Groß, breit mit Hass in der Fresse. Ich war mit zwei Mädels auf einem der Volksfeste bei uns in Rostock. Der Typ machte sich lustig über mich und meine Kleidung. Stieß Verhöhnungen aus und provozierte mich eine ganze Weile. Noch zögerte ich, denn die Kämpfe hier waren etwas anderes, als auf der Matte und ich war alleine. Aber dann rasselten wir doch zusammen. Ich gewann die

Oberhand und machte ihn richtig platt, bis er liegen blieb. Die Schreie der Mädels ließen mich aufblicken und ich sah die Kumpels meines Gegners auf mich zustürmen.

Das sah nicht gut aus. Und egal was man von mir halten mag, ich gab Fersengeld und brachte mich in Sicherheit.

So verging die Zeit zwischen Lehre, Saufen und Prügeln. Die Revierkämpfe zogen sich bis in das Jahr 1988 hinein. Und zwischendurch fuhr ich alle sechs Wochen nach Dresden.

Über den Jahreswechsel 1987 / 88 besuchte ich die GST (Gesellschaft für Sport und Technik). Die war von der Berufsschule ausgelagert und in Sebnitz angesiedelt, gehörte aber zum normalen Schulprogramm. Das war ein offizielles Wehrlager und wir wurden in Waffenkunde, Waffentechnik und im militärischen Nahkampf unterwiesen.

Und gerade in diesem militärischen Nahkampf hatte man uns einen besonders harten Hund zugewiesen. Das er „Huhn" hieß, war dabei ein besonderer humoristischer Einfall. Aber er war alles andere als ein Huhn. Er war als Marineausbilder rausgeflogen, weil er sogar für die NVA zu hart gewesen sein soll.

Gleich am ersten Tag suchte er sich mich aus, um einen Hüftwurf zu demonstrieren. Ich habe mich dann erst einmal werfen lassen, es war ja nur eine Demonstration. Dem Ausbilder Huhn war das wohl zu wenig spektakulär gewesen und erforderte mich nun heraus:

„Dicker wehr dich mal!"

Dem konnte ich nicht widerstehen, wahrscheinlich kannte er meine bisherige Laufbahn nicht. Als er wieder einen Hüftwurf ansetzte, konterte ich mit Uranage und legt den Ausbilder somit flach. Er sah mich erstaunt an: „Du hast aber was drauf!", war sein Kommentar.

Ich rechnete schon wieder mit Repressalien. Aber weit gefehlt, Ausbilder Huhn war ein gerader Mann. Er beförderte mich zum Zugführer des Wirtschaftszuges. Das hieß, ich kontrollierte die

Essensausgabe der 300köpfigen Einheit, verteilte Arbeiten zum Sauberhalten des Geländes und konnte somit auch Druck ausüben. Das tat ich dann auch, in dem ich den einen oder anderen mal ZBV (zur besonderen Verwendung) stellte.

Die Essensausgabe konnte sich einer gewissen Komik nicht verwehren. Da man für mein Alter nicht die Größen in der Kleiderkammer hatte, wie ich sie benötigt habe, durfte ich Teile meiner privaten Kleidung tragen. Das sah sicherlich lustig aus, dass es einen Zugführer beim GST gab, der das Essen in Doc Martens und Bomberjacke austeilte.

Wieder in Dresden saßen wir alle mal wieder vor der Meineid Schänke und soffen uns einen an. Natürlich waren wir nicht gerade die Leisesten und schrien immer wieder unser: „Oi, oi, oi!"

Das war unser Kampfruf damals. Hier eine Erklärung, wie es zu diesem Ruf kam. Er drückte auch das aus, was ich einfach fühlte. Auflehnung und Revolution gegen das System, ohne dass ich mir wirklich rechtsradikale Gedanken gemacht habe. In diesem Augenblick war mir das zwar nicht klar, aber ich habe es später verstanden.

»Oi!-Skin«

Es gibt widersprüchliche Erklärungen darüber, wie das "Oi!" entstanden ist. Die nationalsozialistische Parole »Kraft durch Freude« lautet ins Englische übersetzt »strength through joy«. Die Endbuchstaben von »joy« ergeben in Lautschrift das »Oi!«. So sehr dieser Spruch belastet ist, allein betrachtet steckt darin: "Du bist stark, wenn Du Spaß hast". Das "Oi!" ist das Lebensgefühl, was die Skinheads ausmacht: Sie haben ihre eigene Musik, lieben alkoholische Exzesse und treten allzu gern der spießigen Gesellschaft provokant entgegen. Oi!-Skins bezeichnen sich auch selbst als »Justfor-fun-Skins«. Eine andere Erklärung: Das "Oi!" soll fest mit den Londoner Skinheads verwurzelt sein, der Ursprung könnte auch im

Cockney Slang (eine Londoner Mundart) liegen. "Oi!" als Kampfruf der Skinheads, mit der Aussage: "Ich hab´ Dir was zu sagen!" Ein »Oi-Skin« ist allgemein nicht politisch gebunden. Dies bedeutet jedoch nicht, dass sein Gedankengut frei ist von allen Feindbildern. (Quelle: Internet)

Irgendeinen Anwohner wird das wohl gestört haben. Auf jeden Fall erschien plötzlich der ABV (Abschnittsbevollmächtigter) und befragte uns zu unserem Vorhaben. Während der folgenden Diskussion habe ich ihn ein bisschen an die Hauswand gedrückt und ihm mein Oi, oi, oi ins Gesicht geschrieen.

Er war aber gar nicht so sehr erschrocken. Nachdem ich ihm ein Bier angeboten habe, was er annahm, saß er noch eine Weile bei uns rief auch: „Oi, oi, oi!"

Eins ums andere Mal feierten wir auch bei einem Bildhauer, ein echtes Urvieh, der mit einer Axt Skulpturen aus Holzblöcken herausschlug. Wir soffen da mit vielen Künstlern, von der Oper, vom Theater und so.

Hier in Dresden hatten wir schon fast eine gesellschaftliche Akzeptanz erreicht.

So war auch die Dresdner Zeit ein buntes Auf und Ab. Aber ich steuerte auf den Abschluss meiner Lehre zu. Es war ja, verständlicherweise, unvermeidbar, dass ich mit dem einen oder anderen Lehrer zusammenrasselte. Vorrangig natürlich mit den noch immer Linientreuen, die die Veränderungen der Zeit überhaupt nicht mitbekamen oder sie einfach ignorierten.

So hatten wir einen Staatsbürgerkundelehrer der im Wehrkreiskommando aktiv war.

Mit dem hatte ich mich besonders in den Flicken.

So zum Beispiel einmal über eine belanglose Diskussion vor der gesamten Klasse, über Urangewinnung und -verarbeitung. Ich war ihm da wohl in den Details überlegen und das ließ ihn sich hinreißen. Als er keine Argumente mehr besaß, stieß hasserfüllt hervor:

„Und dir Alexander Czerwinski", er senkte kurz die Stimme, „ wir wissen genau wer du bist, " hier hob sich die Stimme wieder, " reiße ich die Maske noch vom Gesicht."

Vor Wut sprühte aus seinem Mund ein feiner Regen von Speichel. Ich antwortete ihm darauf mit einem kleinen Lächeln.

Beim Rausgehen allerdings, trat ich ganz nah an ihn heran und raunte ihm zu:

„Falls du es nicht gemerkt hast, eben habe ich dir die Maske vom Gesicht gerissen!"

Der Pauker stand kurz vor einem Herzinfarkt. Sein Gesicht wurde puterrot und er schnappte nach Luft.

Ich ließ ihn stehen. Für mich war dieser Augenblick ein multipler Orgasmus.

Stasiakte:
Er ist im Besitz von Musikkassetten von Skinhead-Musikgruppen aus der BRD.

Ein anderes Mal hingen wir bei Meise zu Hause herum. Seine Eltern hatten ein Haus mit Pool, waren aber nicht da.

Meise präsentierte uns stolz zwei Büchsen mit CS-Gas, die er von den Kameraden der FAP erhalten hatte. Er war gewarnt worden, aber wie lernt man besser als durch Erfahrung? Einer von uns drückte also drauf und das Haus verwandelte sich in einen Ort der Tränen. Fluchen, Schreien und Heulen erfüllten das Parterregeschoß. Blind rannte ich nach draußen, schwach konnte ich den Pool erkennen und stürzte mich in voller Kleidung hinein, um mir die Augen auszuwaschen.

Als wir uns beruhigt hatten, mussten wir dann doch grinsen. CSGas war schon ein Teufelszeug. Aber es erhob sich die Frage, wirkte das bei anderen genauso? Waren Punks vielleicht resistent?

Das Ganze bekam also die Form eines wissenschaftlichen Experimentes.

Voller Tatendrang ging es in Richtung Bahnhof. Dort trafen wir auf den allseits beliebten Gegner „Jauche", der mit drei Begleitern unterwegs war. „Jauche" maß inklusive seines aufgestellten Irokesenschnittes 2,22 Meter.

„Meise" ging vorsichtig auf die Gruppe zu, die ihn erkannte und in Habachtstellung ging, schließlich kannte man sich von manchem Streit. „Meise", mit seinen 1,70 Meter, war nun bis auf zwei Meter heran, sprang dann in die Höhe und sprühte „Jauche" eine Ladung Gas ins Gesicht. Während der Lange in die Knie ging, brüllte und sich die Augen rieb, bekamen ein paar Umstehende auch noch etwas ab. „Meise" und wir anderen gaben Hackengas, bevor die Bullen auftauchten und wir unnötig in den Vorfall verwickelt wurden.

Am nächsten Tag gab es dann eine Meldung, in der die Polizei nach vier Punks suchte, die am Hauptbahnhof mit Chemikalien herumgespritzt haben sollten. Wir grinsten darüber. „Jauche" schien auf jeden Fall auch den Bullen entkommen zu sein.

Bei einer anderen Gelegenheit trafen „Kittel" und ich auf ein paar Unioner Fußballfans aus Berlin, die sich ja die „Eisernen" nennen.

Die Horde war auf dem Weg zu ihrem Bus und Kittel und ich waren plötzlich mitten drin. Es waren kein Streit und keine Aggressionen im Spiel, bis mir im Vorbeilaufen einer der Unioner mein Basecap vom Kopf riss und damit verschwand. Bevor Kittel und ich begriffen hatten, war der Rest der Bande im Bus verschwunden, die Tür ging zu und die Karre fuhr los.

Kittel und ich sahen uns um und entdeckten einen Haufen Pflastersteine. Also packten wir ein paar und sockten dem Bus hinterher.

Das ging vielleicht so 100 Meter, dann hielt der Bus an.

Wir standen nun mit den Pflastersteinen in den Händen und starrten auf den Bus. An den Fenstern drängten sich so 40 bis 50 Krakeeler.

Kittel und ich zögerten, wogen die Steine in unseren Händen ab, sahen uns an und schüttelten den Kopf, trabten dann ab.

Wir haben das als gutes Unentschieden gewertet, weil von denen im Bus, auch keiner ausgestiegen ist.

Trotzdem, mein Basecap hatte ich schon gerne wieder gehabt.

Stasiakte:
Er ist Störer der öffentlichen Ordnung und Sicherheit bei Großveranstaltungen.

Trotz allem Für und Wider erreichte ich Ende 1988 meine Abschlussprüfung. Im Fach Maschinenlehre stand ich auf 1,6. Kein Grund zur Besorgnis also. Am Abend vor der Prüfung bin ich dann versackt. So richtig. Also ging es am folgenden Tag besoffen in die Prüfung. Trotzdem, aufgefallen bin ich erst, weil ich in der Prüfung zu laut schnarchte. Das hatte selbstverständlich zur Folge, dass ich rausflog. Alles aus, alles vorbei. Ich erhielt eine Fünf, weil nichts von meinem Geschmiere zu entziffern war. Man konnte meine Arbeit nicht lesen.

Gut war, dass jede Schule sich natürlich nicht das Versagen eines Schülers nachsagen lassen wollte. Meine Berufsschule schickte Fotokopien in meinen Betrieb und untermauerte die These, dass man etwas Unleserliches schließlich auch nicht bewerten kann. Warum auch immer, aber der Betrieb folgte dieser These und ließ mich in die Nachprüfung, in der ich dann meine Lehre erfolgreich abschloss. Immerhin!

Das Jahr beendete ich mit den Austritten aus dem DSF, der FDJ und des FDGB.

So rutschte ich in das Jahr 1989.

Das war geprägt von immer häufiger werdenden Besuchen der Kripo auf meiner Arbeitsstelle. Unsere Aktivitäten als Skinheads wurden zusehends schärfer unter die Lupe genommen. In Rostock hatten wir inzwischen auch mehr Präsenz und damit auch mehr Aufmerksamkeit.

Stasiakte:
Er trat wiederholt während Veranstaltungen störend in Erscheinung. Bei ihm zeigen sich Anzeichen von Ausländerfeindlichkeit

Ich bekam einen Platzverweis ausgesprochen und durfte am 1. Mai nicht das Volksfest besuchen. Dazu wurde mir von der Kripo ein Text diktiert, den ich selbst schreiben musste. Darin gab es eine Belehrung über öffentliche Zusammenrottung, Rowdytum und Herabwürdigung der DDR. Das Ganze endete in einer Nichtabsichtserklärung, das Volksfest zu besuchen.

Die Schraube der Repressalien wurde stetig angezogen. Wenn wir Besuch aus Berlin bekamen, hatten wir stets eine Eskorte der Polizei im Schlepp. Na ja, viel Feind, viel Ehr. Aber mit soviel hatte ich nicht gerechnet.

Das waren wohl die Anerkennung und Aufmerksamkeit, die sich für den Obernazi von Rostock gehören. Obernazi von Rostock, war eine Bezeichnung für mich, die auf der Strasse üblich war. Bis heute ist mir eigentlich nicht klar warum. Ich bin nie mit „Sieg Heil" oder irgendeiner Verherrlichung des Dritten Reiches durch die Strassen gelaufen. Mit ein wenig Ironie könnte man mich damals auch als Multikulti bezeichnen. Englische Schuhe, amerikanische Jacke und patriotische Gesinnung.

Was soll's, die Masse setzt sich ja nie mit den Details auseinander. Um es einmal deutlich auszusprechen: „Ich war nie ein Nazi!"

Die Grenze in Ungarn ging im August auf. In mir stieg der Wunsch, die DDR zu verlassen. Immer mehr Leute aus meinem Umfeld verschwanden. In Rostock begannen die Friedensgebete. Zweimal war ich da. Das war aber nicht mein Ding. Das war mir alles zu viel Theorie. Es stellte aber eines unter Beweis: „Wir waren damals keine Wendehelden!", wie es sie ja nachher so viele gab. Die Spinner, die alleine die Grenze geöffnet haben, wenn man ihnen Glauben schenken würde. Von denen habe ich damals keinen auf der Strasse gesehen. Von denen sind bestimmt auch keine Fotos in den Akten und die haben auch keine Hausbesuche erhalten. Den Kopf hinhalten oder aber nur den Erfolg feiern, sind zwei unterschiedliche Sachen.

Ich stellte im Sommer 1989 einen Antrag für eine Reise nach Rumänien. Natürlich in der Absicht auf einen Fluchtversuch. Der Antrag wurde sinnigerweise am 16.11.1989 abgelehnt. Wie weise.

In der Zeit nach der Grenzöffnung hatte ich meinen ersten Zusammenstoß mit „West-Türken". Es passierte in einer U-Bahn. Die Türken machten mich auf Grund meiner Kleidung an. Das konnte ich nicht still hinnehmen und so eskalierte die Sache. Meine Widersacher waren zu fünft oder sechst. Von einem Moment zum anderen blinkten in ihren Händen Messer. Daraufhin zog ich mein CS-Gas. Ohne es einzusetzen streckte ich noch zwei von ihnen nieder, bevor ich mich aus dem Zug auf den Bahnhof „Warschauer Strasse" fallen ließ, als es brenzlig wurde. Was habe ich mich doch gefreut, dort unvermittelt vom DDR-Zoll festgenommen zu werden und in einer Zelle zu sitzen.

Die „Disko MAX" war damals fest in Skinhead Hand. Inzwischen war der Haufen der Skins erheblich angewachsen. Es erschienen auch immer mehr politische Agitatoren, die Skins rekrutieren wollten. Die sonst so gefürchtete Kleidung wurde fast inflationär getragen. Immer mehr Gurken brüsteten sich damit, ein Skin zu sein. Mamasöhnchen ohne Herz, die nur angaben.

Ich habe mich tierisch geärgert und bin in den Westen gefahren, um mir die Lage dort anzusehen. Aber die Glatzen dort haben mir überhaupt nicht gelegen. Zu lange habe ich die DDR erlebt, um jetzt wieder ideologisiert zu werden und dem Marschbefehl anderer zu folgen. Also bin ich wieder zurück nach Rostock.

Als dann 1989 der Wahlkampf begann, machten wir Randale gegen Modrow und Gysi. Es brach aus uns heraus und wir schmissen Eier gegen die Fettschicht der DDR, die sich schon wieder profilierte und ihre Pfründe zu sichern begann.

Bei Gysis Rede auf dem Rostocker Uniplatz gab es richtig Krawall und wir waren mittendrin dabei.

Von den Anhängern der roten Partei als Nazi beschimpft, hielt ich ihnen voller Überzeugung entgegen: „Ihr seid die wahren Nazis!"

Vater stellte Mutter vor die Konsequenz, entweder er oder ich. Mutter entschied sich für mich und mein Vater verließ uns. Dieses Jahr war turbulent und auch voller Wendungen. Den Abschluss krönte ich mit dem Rauswurf aus meiner Arbeitsstelle. Die Brauerei kündigte mir, nachdem es zu einer Prügelei während der Schicht gekommen und ich natürlich beteiligt war.

Mutter brachte mich in einem Getränkeshop der Konsumgesellschaft unter. Ich arbeitete in der Flaschenannahme und zählte Flaschen und stapelte Bier, Saft, Milch und dergleichen.

Es setzte zu dieser Zeit ein florierender, wenn auch illegaler, Palettenverkauf vom Hof der Konsumgesellschaft ein.

1990 kam dann die Einladung von der „Nationalen Alternative" nach Lichtenberg in die „Nazi-WG". Noch dachte ich mir nichts dabei und glaubte auf Leute zu treffen, die Ordnung und Sauberkeit nicht nur vertraten, sondern auch lebten. Ich fuhr mit Steffen hin. Ernüchternder Weise trafen wir auf asoziale Verhältnisse, was die Lebensumstände dort betraf.

Anwesend war der österreichische Bombenleger, der das Attentat auf Simon Wiesenthal und auf das russische Mahnmal begangen hatte. Das war ein ganz ruhiger Kerl, der mehr beobachtete als dass er redete. Ebenfalls dabei der sogenannte Statthalter Michael Kühnen und noch ein Mann, dessen Name mir entfallen ist. Aber auch er war ein Österreicher. Auffällig schon deshalb, weil er lange Haare zu einem Zopf gebunden trug. Das erinnerte mich schon eher an die linken Zecken, die wir bis dahin in regelmäßigen Abständen bei uns zu Hause gestreckt hatten.

Aber man lernt ja nie aus. Was die dort so an politischen Agitationen abließen, ging mir schon quer herunter. Das hatte eine unheimliche Nähe zu meinen letzten 15 Jahren DDR-Ideologisierung. Ich kam damit nicht so richtig klar.

Aber ich war ja wer in Rostock und so hofierte man mich, trotz meiner unbequemen Gegenrede, eine Weile.

Ich beteiligte mich noch an einer Plakataktion in Berlin, bei der wir in der Oranienburger Strasse vor dem Jüdischen Zentrum Plakate geklebt haben. Aber ich hatte keine ehrliche Beziehung dazu.

Juden sind mir nie als Minderheit, schlechte Menschen oder sonst irgendwie übel ins Bewusstsein gelangt. Eigentlich eher im Gegenteil, da ich den Kampf einer so kleinen Gruppe eher für bewunderungswürdig halte. Mal ganz abgesehen davon, dass es einige Lieblingsschriftsteller gibt - zum Beispiel Kishon - die aus ihrer Mitte stammen. Die rechte Sache geriet für mich so langsam aus der Kontrolle und zeigte eine Richtung auf, in die ich nicht hineingeraten wollte. Mein geistiger Abschied nahm langsam Gestalt an.

Überhaupt wurde mir diese ganze rassistische Scheiße zu ideologisch. Um zu provozieren hatten wir wohl damit gespielt, aber doch nicht als geistige Grundhaltung. Das hätte sich auch gar nicht damit vertragen, dass zum Beispiel der Armenier „Vatan T." mit zu unserem Haufen gehörte.

In Rostock haben wir dann noch das Antifa-Cafe „Trude" handstreichartig genommen. Wir sind morgens gegen 1.00 oder 2.00 Uhr dort eingeflogen, haben die Tür eingetreten und alles zerlegt. Die Zecken haben sich aufs Dach geflüchtet und wehrten sich mit einem Steinhagel. Als die Bullen im Anmarsch waren, haben wir dann die Fliege gemacht. Die Antifa rief dann für einige Wochen zur Mobilmachung auf. Da gab es Namenslisten und Graffiti an einigen Häusern und Mauern. Im speziellen gab es Nachrichten für mich, wie zum Beispiel:

„Alex, wir kriegen dich!"

Und dergleichen. Ich habe sie dann von der Mühe befreit, mich lange suchen zu müssen und bin ihnen entgegengekommen. Nachdem ich einigen der leitenden Zecken ins Gewissen geredet hatte, gingen diese Ankündigungen unter. Ich habe mich dann auch nicht mehr darum gekümmert und die Sache geriet in Vergessenheit.

In Warnemünde, so im Juni / Juli, haben sich die Skins und Hools zusammen getan und beschlossen, den Hütchenspielern eine Lektion zu erteilen, die am Strand den Besuchern dort das Geld aus der Tasche zogen und sie zudem bedrohten, wenn die Menschen sie bei ihrem Betrug ertappt hatten. Das war uns schon lange ein Dorn im Auge.

Vom Hauptbahnhof aus ging es los.

Die Hütchenspieler hatten sich, wie jedes Mal, von der Disko „Teepott" bis zum Hotel „Neptun" aufgebaut.

Wir haben sie dann mit einer klassischen Zangenbewegung, wie wir sie bei der GST (Gesellschaft für Sport und Technik) gelernt hatten, angegriffen.

Als die ersten Tische flogen, war es zu spät. Wir haben den Pöbel von zwei Seiten aufgerollt. Obwohl sie uns zahlenmäßig überlegen waren, hatten sie keine Chance. Wir hauten ihnen so richtig die Jacke voll. Das Ganze dauerte nicht lange. Ich streckte zwei oder drei von ihnen nieder, sah mich um und erkannte, dass außer ein paar ganz Irren, die Sache erledigt war. Also schnappte ich mir ein Taxi und fuhr nach Hause, ehe die Bullen auf dem Plan erschienen.

Im Sommer dann, zum Fest am Stadion, eskalierte die Situation erneut. Im Diskozelt vor dem Rostocker Stadion hatten sich so sechzig bis siebzig Leute versammelt.

Wir soffen, was das Zeug so hielt. Dann kam die Parole auf, dass am „Bagehl", ein besetztes Haus, ein Straßenfest stattfinden solle und plötzlich ging die Parole um: „Straßenfest aufmischen!"

Das Ganze kochte immer mehr hoch. Die Hetzreden wurden intensiver und bekamen einen bis dahin nicht gekannten Hass. Man sprach von Überraschungsangriff, Toten und keine Gnade. Die Qualität der Motivation war neu. Das war nicht unsere übliche Keilerei und Spaßklopperei, sondern hier ging es um Sieg und um Exempel statuieren. Irgendwie waren neue Töne aufgekommen. Da müssen schon fremde Elemente ihren Teil dazu beigetragen habe.

Ich hatte ein Scheißgefühl, obwohl ich besoffen war. Gemeinsam mit einem Hool schwang ich mich in ein Taxi und fuhr zum „Bagehl". Man trat mir dort sehr misstrauisch gegenüber, als ich ihnen riet, das Straßenfest so schnell wie möglich abzubrechen. Ich muss aber sehr überzeugend gewesen sein, denn man beendete das Fest.

Zwanzig Minuten später stand ich trotzdem wieder in der Frontlinie meiner Leute und wir stürmten das besetzte Haus. Auch hier wurden wir vom Dach aus mit einem Steinhagel und mit Mollis (Molotow Cocktails) begrüßt. Eine ziemliche Narbe in meinem Gesicht zeugt noch heute davon. Es ging richtig zur Sache.

Fünf oder sechs Jahre später sprach mich eine Künstlerin auf der Strasse an und bedankte sich für die Warnung damals. Ich hätte sie niemals erkannt, aber es tat mir im Nachhinein gut.

Dieser ganze wilde Sommer 1990 schien der FAP wohl zu imponieren und unsere Gegend für mehr politische Arbeit interessant zu machen und sie versuchten, sich mehr zu etablieren.

So ernannten sie den Rostocker „Holly A." zum Gauleiter der FAP in Rostock.

Aber noch war das mein Rostock. Als ich ihn vor einem Bierzelt getroffen habe, nahm ich ihn mir zur Brust und habe ihm Bescheid gestoßen. „Holly" war eine Pfeife und nahm gleich nach der ersten Schelle die devote Fötalstellung ein. Steffen Neumann und ich haben ihn dann noch ein paar Mal hingestellt und ihm den Katechismus gebetet, wo es bei uns in Rostock langgeht. Hier setzt man uns niemanden vor die Nase, ohne uns zu fragen. Damit war dieses Kapitel erst einmal durch.

Ganz anders mein Bruder Kay, der zu diesem Zeitpunkt ein Stipendium an einer Berufsakademie in Mannheim bekommen hatte. Diese BA war ein Modell der freien Wirtschaft, das von vielen namhaften Firmen finanziert wurde.

Kay musste zu Beginn noch sein Ost-Abi verteidigen und noch einen Test ablegen, bis er anerkannt wurde, aber dann war er dabei.

Zuvor musste er extra vom damaligen „Abrüstungsminister" der DDR, Herrn Eppelmann, aus der NVA entlassen werden. Kay war beim Marinesicherungszug gewesen und war in den Soldatenrat gewählt worden.

Es wurde ein hartes Brot für die ganze Familie. Trotz Stipendium musste die Familie jeden Monat 2.000 DM aufbringen. Das Studium verteilte sich auf zwei Städte. Zum einen der theoretische Teil, zum anderen der praktische Teil.

Meine Kumpels und ich hatten dagegen ja die WM 90. Zunächst wollten wir in Italien auf den Plan treten, aber dann reisten wir vom Gardasee wieder zurück. Auf der Heimfahrt kam uns in den Kopf, dass wir zu den Hamburger Hools eigentlich einen guten Draht hatten. Also fuhren wir nach Hamburg.

Auf der Reeperbahn haben wir uns dann ein WM-Spiel angeguckt. Was dann kam, war nicht direkt geplant. Auch Hamburg hatte ein Antifa-Cafe und in meinem Brausekopf bin ich dagegen angelaufen. Fast hätte ich auch die Tür eingetreten gehabt, aber die Sache wurde langweilig und so trollten wir uns weiter. Irgendwo entstand die Idee, einen Einkaufsshop zu plündern und ich fand mich mit einem 7er Golfeisen in der Hand wieder.

Dann folgte eine wüste, blutige Keilerei, bei der Autos umgekippt wurden. Die Gegner waren Türken vom Kiez, die sich auch zusammengerottet hatten. Den Abschluss bildete das Einsatzkommando der Polizei, die auch nicht schlecht hinlangten.

Alles in allem hatte es mächtig geknallt und wir machten uns, zwar mit blutigen Köpfen, doch gutgelaunt auf die Heimreise.

1991 machte meine Mutter gemeinsam mit ihrem Geschäftspartner Gert von Dorb ein Fischrestaurant auf, das „Lord Nelson". Gert nahm sich Zeit für mich, hörte mir zu und behandelte mich als seinesgleichen. So kam es, dass ich ab und zu mit Glatze und Bomberjacke im Daimler Benz von Dorb herumfuhr. Ich genoss es.

Im April gab es dann noch ein Treffen mit den Agitatoren der Nazis. Nun fielen Wörter wie „Heime anstecken" und „es müssen Zeichen in Deutschland gesetzt werden". Zwar alles nur theoretische Aussagen, aber man spürte, welche Richtung das nehmen könnte.

Das war der Zeitpunkt an dem ich meinen offiziellen Ausstieg bekannt gab. Ich war zwar ein wilder Saukerl und vielleicht auch ein übler Schläger, aber ein Brandstifter und Attentäter war ich nicht. Mein Kamerad Steffen Neumann hatte dieselbe Meinung und stieg ebenfalls aus. Alles was ich gesucht hatte, war provozieren und handfeste Keilereien. Rassenkrieg und Revolution wollte ich nie.

Wir sagten das ganz klar an und legten auch unsere Sachen ab. Damit war die Birne für uns geschält. Leider nicht so für alle.

Einige der alten Jungs gingen nach Jugoslawien und kämpften dort für die arische Rasse, ein paar landeten im Knast, sowie auch „Spiemi" in Bautzen und wieder einige andere sind tot.

DEPRESSIONEN UND ROTLICHT

Ich kippte 1991 in ein Loch und buddelte mich erst einmal für sechs Monate ein.

Ich fühlte mich ohne Wurzeln und ohne eigene Identität. Schmerzlich stiegen in mir die gefühlten Kameradschaften hoch, die ich bisher gelebt hatte. Aber gleichzeitig fühlte ich auch die Enttäuschungen, wenn mir bewusst wurde, dass alles nur immer einem fremden Ziel unterworfen gewesen war und nicht um meiner selbst willen.

Alles, was ich war, war eine Masse aus Fleisch, Muskeln und Knochen, die überdurchschnittlich kräftig war und, einmal eingeschaltet, zu einer Kampfmaschine wurde.

Die wurde jeweils immer nur zum Zwecke von anderen aktiviert, hofiert und dirigiert. Diese Erkenntnis schmerzte besonders.

Die DDR war gefallen und der Westen hielt Einzug. Mit ihm tauchten auch immer mehr Spekulanten, Betrüger und Spinner auf. Vor nichts war man mehr sicher und man musste die Augen aufhalten.

Man hörte mal hier, mal da, dass jemand über den Tisch gezogen wurde. Mal mit Versicherungen, mal mit seinem Grund und Boden.

So verbrachte ich sechs Monate mit Eigenanalyse, Selbstzweifeln und Zukunftsängsten.

Dann kam ich raus aus diesem Tief. Es musste etwas Neues her, etwas Eigenes.

Was konnte ich? Wovon hatte ich Ahnung? Von Bier, vom Saufen und vom Prügeln.

Was lag also näher, als dass ich mir eine Kneipe zulegte.

Aber nicht so einfach eine Eckkneipe, die Tag und Nacht offen hatte. Ich beschloss, es mit einem englischen Pub zu versuchen.

So einfach war das jedoch nicht. Hier im wilden Osten waren damals die Eigentumsverhältnisse längst nicht geklärt und so konnte ein Vertrag auch den Ruin bedeuten, wenn in der Laufzeit ein neuer Besitzer auftauchen würde. Man musste also schon einen Zehnjahresvertrag haben, wenn man einigermaßen sicher mit Investitionen kalkulieren wollte.

Erst einmal bin ich auf Ladensuche gegangen. Das hat sich ein paar Wochen hingezogen, bis endlich drei oder vier Objekte zur engeren Auswahl standen.

So einfach machte ich es mir nicht. Mit Kay hatte ich einen cleveren Joker in der Hinterhand, denn er hat ein total geschäftsmäßiges Gehirn. Zusammen mit ihm fuhr ich nach Hamburg und flog von dort aus mit ihm nach London. England war zu der Zeit einfach mein Traumland und ich genoss die folgenden fünf Tage, in denen wir Details und Anregungen für den ein englisches Pub suchten.

Es war eine Wahnsinnszeit und wir sogen alles in uns auf. Zurück in Rostock eröffnete ich im Mai 1992 meine „DübelStuben" im Stile eines Englischen Pubs.

Die Finanzierung lief über die Brauereien und mit Unterstützung meiner Familie, die in die Bürgschaft eintrat. Das Lokal hatte 40 Plätze. Ich achtete darauf, dass es zur Eröffnungsparty schon eine neutrale Klientel hatte. Meinen alten Kameradschaften hatte ich abgesagt, beziehungsweise sie nicht eingeladen.

Der Laden, lief prächtig an und meine Rolle hinter dem Tresen füllte mich völlig aus. Es war mein eigenes Ding und niemand nutzte mich mehr aus.

Tja, wie schon der Name sagte „Dübel-Stuben", abgeleitet aus dem Norddeutschen, war auch der Teufel nicht weit. Man könnte glatt sagen: „Tja, wer ihn sich einlädt!"

Sechs Monate nach meiner Eröffnung hatten mich die Nazis wieder auf ihrem Schirm und glaubten nun, sie müssten mir drohen. Ich denke, dass es von der FAP kam, die mich nun durch meine Kneipe für angreifbar hielt.

Es kamen anonyme Briefe nach Hause, man schickte mir Busfahrkarten, Bahnkarten und solchen Scheiß. Ab und zu ein paar Zeilen:

„Hau ab" – „Wir kriegen dich" – „Verpiss dich", usw. usw.

Alles natürlich ohne Unterschrift und ohne irgendeine Kennung.

Meine alten Verbindungen zu den Hools und auch zu den Rockern bestanden ja noch, sozusagen „Stand By". Dort hatte man inzwischen meinen Ausstieg akzeptiert und auch, dass ich meine Kneipe sauber halten wollte. Wir trafen uns gelegentlich auf neutralem Boden oder telefonierten miteinander. Ganz ohne Zugehörigkeit oder gemeinsamen Aktivitäten. So ist das eben, wenn man ein gerader Junge ist.

Auf jeden Fall bekam ich über diese Quellen den Hinweis, dass es die Nazis sind, die da ihre hinterfotzigen Späße mit mir trieben. Ich bekam die ganz klare Aussage:

„Die Nazis wollen dich wegen deines Ausstiegs glattmachen. Sie wollen demonstrieren, dass es ein Aussteigen nicht gibt!" Ehrlich, da war was drauf geschissen.

Drei Wochen später bekam ich die Annonce, dass „D.", der Leiter der Ortsgruppe NA (Nationale Alternative), sich in der Disko „Shanty" aufhielt. Diese Disko war ein bekannter Treff der Rechtsradikalen.

Es war für mich nur ein Anruf beim damaligen ortsansässigen Rockerklub und die Jungs schickten mir zwei Mann rüber.

Wir machten uns auf den Weg zur Disko und legten uns auf die Lauer. Und richtig, D. kam in Begleitung von zwei weiteren Anhängern aus der Disko.

Wir machten es kurz. Nach zwei Ohrfeigen hauten die beiden Statisten neben D. ab.

D. selbst luden wir zu einem therapeutischen Gespräch ein. Er folgte dieser Einladung ziemlich kleinlaut und wir einigten uns auf den Hafen als Stätte der Klärung. Dort, in einer dunklen Ecke und nahe an der Wasserkante, stießen wir ihn aus dem Fahrzeug. Wir selbst stiegen auch aus und hielten D. eine Wumme an den Schädel.

Wir spielten das ganze böse psychologische Programm runter, gerieten anscheinend in die Diskussion, wie wir ihn erledigen würden oder ob wir ein Ohr an seine Parteikollegen senden sollten, damit die wüssten, wie ernst es uns ist. Nebenbei erörterten wir, dass es eine Connection zu den grenznahen Wäldern in Polen gab, dieses und jenes auf wundersame Weise auf Nimmerwiedersehen verschwinden könne. Zwischendurch machten wir ihm immer klar, dass ich aus der Szene ausgestiegen bin und jede weitere Drohung oder Repressalie an ihm persönlich abgegolten werden würde. Ohne dass wir ihn geschlagen hätten, stimmte D. allem zu, was wir verlangten und versprach innerhalb seiner Gesinnungsgenossen dafür zu sorgen, dass man mich in Ruhe ließ.

Diese Erklärung musste er im Knien auf dem Hafenpflaster abgeben.

Zu guter Letzt zogen wir die ungeladene Knarre durch. Mit dem Klicken des Hammers, breitete sich ein großer dunkler Fleck im Schritt des Knienden aus.

Wir ließen den eingepissten D. im Hafen liegen.

Von da an herrschte Ruhe. Ich bekam keine Drohungen mehr und die Dübel-Stuben liefen top. Was sagt uns das? Verständige Menschen finden immer einen Weg, sich zu einigen.

Bei Live-Musik und im schicken Hawaiihemd, machte ich als Kneipier hinter der Bar einen durchaus seriösen Eindruck.

Aber das Leben geht weiter. Im ersten Jahr verkaufte ich in meinem kleinen Pub 400 HL Bier.

Mein Umsatz von jährlich 40 tausend Litern Bier in meiner kleinen Kneipe war so enorm, dass die Brauerei auf mich aufmerksam wurde.

1993 machte mir die Hamburger „Ratsherren Brauerei" ein Angebot, dass ich nicht ablehnen konnte.

Ich übernahm das „Come Inn", einen Irish Pub. Ein mächtiger Laden mit 350 Quadratmeter und gut 350 Plätzen.

Das war dann schon nicht mehr so gemütlich und ich musste mit Türstehern arbeiten, die ich mir bei den Hools abrief.

Gelegentlich jedoch musste ich auch persönlich ein Beispiel geben.

So erwischte ich einen Zechpreller noch vor meinem Laden, bevor er verschwinden konnte.

Mit der Linken hielt ich zwischen Zeigefinger und Daumen sein Ohr fest, während ich ihn mit der Rechten abwatschte und ihm einen Vortrag über Benehmen hielt.

Zwei neue Gäste steuerten auf den Eingang zu und sahen interessiert zu, wobei einer der beiden zum anderen sagte:

„Siehst du, hier arbeitet der Chef noch selbst."

Einer meiner besten Leute war Thomas Johanson, der damals einer der härtesten Schläger in Rostock war. Sein Kampfname „Knackenhart" unterstrich das nur.

Der Laden brummte und lief einfach Spitze.

Natürlich rief ein solcher Laden auch immer die Jungs aus dem Milieu auf den Plan. Aber ich sorgte von Anfang an dafür, dass es ein neutraler Ort blieb. Hier sollte keiner die Herrschaft haben oder das „Come Inn" zu seinem Bezirk zugehörig fühlen.

Die damals in Rostock das Sagen hatten, waren P. B., Kai Deutschmann und A.W..

P. war ein absoluter Abdreher, wenn es zur Sache ging. Er konnte aus dem Nichts heraus einen seiner cholerischen Anfälle bekommen.

Er war ein ehemaliger Leistungssportler und oft sogar recht nett und umgänglich. Mit großer Liebe hing er an seinem Stafford „Pako".

Kais hervorstechende Eigenschaften bestanden aus seiner Größe und Stärke. Ein bauernschlauer Kerl, ohne Gnade für seine Gegner. Aber Kai war link und hinterhältig. Je nach Gelegenheit zog er jeden über den Tisch, der sich mit ihm einließ.

R. kam vom KSK, dem Kommando Sonderkräfte. Er war bei den DDR-Minentauchern gewesen. Zudem ein erfahrener Kampfsportler. R. war der Taktiker und der Planer.

Da waren aber auch Erscheinungen wie „Totti" T. M., der „schönste Mann von Rostock". Totti war dumm wie Stulle, aber von sich überzeugt.

Als er einmal einen Friesennerz, also eine gelbe Regenjacke trug, haben ihn zwei Bräute aufgezogen und ihn Mr. Yellow genannt. Aber Totti nahm die Sache für voll und versuchte „Mr. Yellow" für sich als Markenzeichen zu etablieren.

Inzwischen war ich fett unterwegs, mit 500er Daimler, Rolex und Beteiligung an zwei Damen, die Knackenhart mal aufgetan hatte. Das waren zwei Amateurinnen, die es auf der Piste versuchen wollten und dabei Protektion suchten. Da konnte man ja mal behilflich sein.

Ich wandte mich an „Pussy" O. P., dem ich viel zu verdanken habe und der in Greifswald ein Etablissement zu laufen hatte.

Im Klub 21 in Greifswald stellte er mir Frank vor.

Frank war, nach eigenen Einlassungen, Türsteher und Barfrau. Um aber jede Spekulation vorweg zu nehmen, die Barfrau war sein eigener Scherz, wenn er mal die Mädels hinter dem Tresen vertreten musste, weil sie gerade „zu tun" hatten. Und ehrlich gesagt, Frank ist mir als Kerl auch lieber, denn als Frau würde er richtig Scheiße aussehen.

Zwischen Frank und mir wuchs eine Männerfreundschaft heran. Er war ein Hardliner, der mit dafür sorgte, dass Rostock eine deutsche Hochburg im Milieu blieb.

Hier haben sie alle „richtig" bekommen und sind in ihren Edelkutschen heimwärts geschickt worden. An den Rostocker Jungs habe sich alle die Zähne ausgebissen, ob die Jugos, die Russen oder sonst wer.

Von Frank stammt auch der Ausspruch: „Man kann davon ausgehen, wenn Dr. Czerwinski um die Ecke kommt, gibt es richtig auf die Gusche."

Das war eine echte Anerkennung von einem Mann, der schon in seiner Jugend (1985) das russische Ehrenmal angespuckt hatte und dafür in den Jugendhof kam.

Noch heute telefonieren wir gelegentlich miteinander, dabei geht es nicht mehr um Geschäfte, sondern um Kinder, Sport und Altersplanung.

Alles in allem erkannte mich das Milieu mit meinem Laden an.

Er war der neutrale Treff, in dem es keine Gebietsansprüche gab und wo keiner irgendwelche besonderen Rechte für sich ableiten konnte.

Das galt für die anreisenden Berliner Unterweltler genauso, wie für gelegentlich auftretenden Ukrainer.

Nebenbei dealte ich noch mit der russischen Gesandtschaft und kaufte dort günstig Wodka, Kaviar und andere Dinge ein.

Diese friedliche Koexistenz wurde von allen akzeptiert und auch gleichzeitig von allen geschützt. Das konnte mir nur Recht sein.

Während ich fest daran glaubte, dass ich der Nabel der Welt war, rechtfertigte Kay das in ihn gesetzte Vertrauen und schloss sein BWL-Studium als Zweitbester ab.

Tja, 1993 hatte dann aber doch noch einen weiteren Punkt in meinem Leben, der mich beinahe die Zukunft gekostet hat. Und dieser Punkt, zog sich über volle sechs Jahre hin.

Zu dieser Zeit war alles in Hülle und Fülle da. Frauen, Suff, Geld und Koks. Party, Party, Party mit leichten Mädchen und harten Jungs. Ein wahrer Rausch. Und der Rausch lag haufenweise auf dem Tisch, auf der Toilette, auf der Anrichte, in der Küche oder wo auch immer.

Und dann steckte auch ich den Rüssel in das weiße Zeug. Warum?

Reine Probierlust und Neugierde. Und das Zeug ging ab.

An dieser Stelle will ich nicht darüber schreiben, wie es wirkte, denn es soll keiner Lust darauf bekommen. Aber jeder soll wissen, dass ich nach jedem Mal in tiefe Depressionen fiel und ich ohne den Scheißstoff nicht mehr feiern und fröhlich sein konnte.

Links und rechts von mir veränderten sich viele der guten alten Jungs. Sie verloren ihre Linie, wurden schlaff und teilnahmslos. Immer häufiger entstand Interesselosigkeit. Das Schlimmste jedoch war, dass sie anfingen sich untereinander zu bescheißen und in die Pfanne zu hauen.

Ich bin mir sicher, dass es auch mir so gegangen wäre, hätte ich durch meine sportliche Vergangenheit nicht noch einen Rest an Pflichtgefühl und Selbstdisziplin gehabt.

Von daher gelang es mir, diese Teufelsdroge nur ungefähr zweimal im Monat zu nehmen. Dann haute ich mir zwei bis drei Gramm in die Birne.

Alles in allem keine gute Erfahrung. Und jedem, der es sich überlegt die Sache einmal zu probieren, möchte ich an dieser Stelle sagen:

„Spül den Scheiß im Lokus runter, sonst bist du derjenige, den es hinunterspült."

Zwischendurch gönnte ich mir noch einen 230er CE. Das fällt mir deshalb ein, weil ich viel später erst daran gedacht habe, wie oft mich das Koks an die Kippe zum Jenseits gebracht hat.

Mit dem 230er habe ich eines Nachts den letzten Bullen-Lada der DDR abgehangen. Und zwar auf der alten Holzbrücke zwischen Dierhagen und Klockenhagen. Ich war voll wie ein Schwamm und dicht wie Graf Koks. Dann wollte mich die Polizei stoppen. Ich habe sie erst einmal hinterherfahren lassen und bin dann aufs Gas gestiegen.

Wenn ich heute die Strecke fahre, läuft es mir manchmal kalt den Rücken runter, wenn ich mir vorstelle, wie ich mit der Karre da längsgenagelt bin und wo ich hätte einschlagen können.

In diesem ganzen Trubel traf ich auf einer Party beim Anwalt Peter Ollner diese tolle, kleine Frau. Etwa 160 cm und 49 kg, dunkle Haare, dunkler Teint und dunkle Augen.

Conny Langermann!

Ich war hin und weg. Es hat sofort bei uns geschnackelt. Wir fuhren zu mir nach Hause. Da war es Conny noch nicht so peinlich, dass sie mir ins Auto kotzte. Das kam erst am Morgen danach. Sie erklärte mir, dass sie nicht wisse, wie das alles passieren konnte, denn normalerweise sei sie nicht so betrunken und ginge schon gar nicht gleich am ersten Abend mit.

Conny ließ mich drei Wochen lang zappeln und ich merkte zum ersten Mal, dass ich jemanden vermissen konnte.

Aber dann hatte sie auch ihre Hemmungen wegen dem ersten Abend überwunden und wir entwickelten uns zu einem festen Paar.

Conny war eine kluge Frau, die mit einem starken Selbstwertgefühl ausgestattet war. Das beeindruckte mich ein ums andere Mal. Sie gab mir auch mal Kontra und bestand auf ihre Sicht der Dinge.

So ganz war sie nicht mit meinem Leben einverstanden, aber die Verliebtheit deckte manches zu. So ertrug sie meine Eskapaden und ich ihre Kritik.

1994 wurde Kay Geschäftsführer, als meine Mutter mit ihrem Geschäftspartner Gerd von Dorb in Mönchhagen eine Tankstelle übernahm.

Im selben Jahr passierte es, dass ich eines Nachts aus meinem Büro kam, als „Knackenhart" wie eine Kanonenkugel an mir vorbeiflog und neben mir an der Wand einschlug. Dort blieb er benommen liegen. „Knackenhart" so zu sehen, hieß schon einiges.

Ich richtete mein Augenmerk auf das Innere meines Lokals und sah einen ziemlichen Koloss dort stehen. Der war gut 1,95 Meter groß und gute 130 Kilo schwer.

Er war wachsam und seine Augen taxierten mich sofort.

Als ich bis auf fünf Meter an ihn heran war, drang die Stimme meiner Kellnerin an mein Ohr:

„Die wollten ne Alte auf dem Klo vergewaltigen."

Ich sah die Knarre auf dem Tisch und registrierte im Unterbewusstsein: „Die ...!" Es mussten also mindestens zwei gewesen sein. Einige Meter vor mir hob der Koloss die Fäuste und grinste mich höhnisch an, hinter mir vernahm ich ein Schnaufen. Der „Kleine", gute 1,80 Meter groß und an die 95 Kilo, flog heran. Mit einem gezielten Ellenbogencheck knockte ich ihn erst einmal aus, um gleichzeitig ein Tackling auf den Großen zu starten. Ich unterlief seine mächtigen Fäuste und nagelte ihn rückwärts auf den Tisch. Ich spürte die Kraft und seine Stärke, als er im Liegen zurückfightete. Beide schlugen wir aufeinander ein. Der Bursche schrie vor Schmerz und Wut und an der Sprache erkannte ich, dass es ein Russe war. So ein verdammter, besoffener Russe, der auch noch schmerzunempfindlich zu sein schien.

„Knackenhart" tauchte mit einem Tonfa (Schlagstock mit Quergriff) auf, das er mir zusteckte.

Mir gelang es, den Russen auf den Bauch zu drehen. Von hinten trat ich ihm nun wiederholt das Knie in die Eier, während ich mit dem Tonfa seinen Rücken bearbeitete. Jedes Mal, wenn er sich hochdrücken wollte, schlug ich ihm die Arme weg.

Plötzlich ein säuischer Schmerz in meinem Ellenbogen. Nur kurz sah ich mich um, sah den kleinen Russen mit einem Messer hinter mir stehen. Dann war „Knackenhart" heran und nahm ihn weg.

Dieser kurze Moment hatte dem Koloss genügt und er war vom Tisch hoch. Der Typ war ein Tier. Mir gelang es, mit ihm in den Bodenkampf zu kommen, wo ich mich behaupten konnte, ohne dass ich ihn ausgeschaltet bekommen hätte.

Inzwischen war die Polizei angerückt und gemeinsam mit ihr gelang es, dem Russen Handschellen anzulegen. Allerdings nur vor dem Bauch, auf den Rücken hatten wir ihm die Arme nicht zwingen können.

Wir landeten alle im Krankenhaus. „Knackenhart" hatte offene Wunden, Quetschungen und Prellungen. Ich neben einigen Blessuren die Stichverletzung im Arm, der kleine Russe einen doppelten Kieferbruch und der Riese neben den üblichen Verletzungen einen
Nierenschaden. Wie sich herausstellte, war er mit Koks, Wodka und was weiß ich noch, voll bis an die Mandeln, hatte gar kein Schmerzempfinden mehr.

Selbstverständlich zog das eine polizeiliche Untersuchung nach sich. Es stellte sich heraus, dass die beiden Russen bereits zuvor beim Chinesen gepöbelt hatten und dort mit ihrer Kanone herumgefuchtelt hatten. Zeugen sagten aus, dass auch die versuchte Vergewaltigung auf der Toilette stattgefunden hatte.

Dann hatten sie sich außerdem mit „Knackenhart" angelegt, der ihnen Lokalverbot geben wollte. Einige Leute sagten auch aus, dass ich zuerst von hinten angegriffen wurde.

Der vernehmende Polizist, vor dem ich mit einem Anwalt erschienen war und bei dem wir uns auf Notwehr beriefen, las sich den ärztlichen Bericht durch, schüttelte den Kopf und meinte: „Herr Czerwinski, haben sie da nicht ein wenig überzogen?" Und ich dachte, die Sache ist damit erledigt.

Vielleicht hat die Polizei aber auch Kenntnis von dem Hintergrund der Russen erhalten und ließen die Sache auf sich beruhen, weil sie dachten, das regelt sich von alleine.

Fakt war, dass die beiden Schläger zur russischen Automafia gehörten.

Conny und ich waren vor ein paar Wochen zusammengezogen. Ich schickte meine Kleine für ein paar Tage in Urlaub, um meinen Rücken frei zu haben.

Außerdem besorgte ich mir eine Knarre und harrte der Dinge die da nun kommen würden. Vorne im Laden ließ ich mich nur selten sehen, sondern leitete ihn vom Büro aus. Wenn ich das „Come Inn" betrat oder verließ beobachtete ich zuvor die direkte Umgebung.

In den entsprechenden Kreisen wurden einige Gespräche geführt, an denen ich aber nicht beteiligt war.

Es dauerte vierzehn Tage bis fest stand, dass der Vorfall eine reine Privatgeschichte gewesen war, die nichts mit der Organisation zu tun hatte.

Damit war der Fall erledigt und ich konnte mich wieder frei bewegen und mich um meinen Laden kümmern wie zuvor.

Eines hatte die Sache allerdings mit sich gebracht. Mein Ruf in Rostock als harter Junge und unerschrockener Kämpfer war noch einmal mehr unterstrichen worden. Wie immer sind die Legenden größer als die Taten selber, aber es hatte schon einige Bedeutung, dass ich es überhaupt gewagt hatte, mich gegen die mächtigen Russen gestellt zu haben.

Irgendwann in dieser Zeit sprach mich ein „sogenannter" Mitarbeiter vom Spiegel an. Jedenfalls stellte er sich so vor.

Er habe gehört, dass man in Rostock nicht an mir vorbei komme, wenn es sich um brisante Informationen handele. Ich hörte ihm erst einmal gespannt zu.

Es ging um ein Video, dass angeblich 1991 während der schlimmsten Krawalle in Lichtenhagen, in einem Bordell in Warnemünde aufgenommen worden sein soll. Das Video soll den damaligen Polizeipräsidenten von Rostock im Spiel mit den bezahlten Damen zeigen, während die Krawalle in Lichtenberg tobten.

Inzwischen war dieser ehemalige Polizeipräsident als Sicherheitsberater in einigen afrikanischen Ländern unterwegs.

Ich fragte den Mann von Spiegel, was es denn zu verdienen gäbe.

„50.000DM", lautete die erfreuliche Antwort.

Also tat ich mich um. Aber schon nach ein paar Tagen rief ich den Kontaktmann an und sagte ab. Ich hatte in eine Sache hinein gerochen, die mir echt zu prall war. Da waren doch ganz andere Cracks am Start, als dass ich sie hätte rocken können. Die Kiste war mir zu heiß und mit 50 Mille einfach unterbezahlt.

Auch die BILD tauchte auf und fragte, ob ich die KGB-Akte vom Rostocker Oberbürgermeister von 1991 / 92 bringen könnte.

Auf Grund meiner ausgezeichneten Kontakte zu den Russen machte ich mich ans Werk. Schon bald flüsterte man mir im gebrochenen Deutsch eine wohlgemeinte Warnung zu, die besagte, dass diese Dinge besser unter Verschluss bleiben und ich mich zurückziehen sollte.

So lernte ich meine eigenen Grenzen kennen.

Zwischendurch fuhr ich mit Conny zu einem Sorgerechtsstreit nach Hannover. Meine Kleine hatte eine dreijährige Tochter, Florence oder auch Krümel, deren Vater Falk Engelhardt ist. Ein Sohn der niedersächsischen Modedynastie.

Er galt als Durchdreher und hatte auch Conny schon geschlagen. Solche Pappenheimer mag ich besonders. Also war ich dabei.

Ich suchte den Augenkontakt mit ihm, aber die Pfeife knickte ein und sah zu Boden, diese Nulpe, dieser Waschlappen.

In diesem ganzen Wirrwarr von Ereignissen, hatte ich wieder mit dem Sport angefangen.

In 1995 war ich zur Kur nach Bad Sülze gefahren, wegen meinem Rücken. Die Ärzte dort waren grundehrlich zu mir und erklärten mir, dass ich mit meinen 175 Kilo total verfettet sei. Ob man mich deshalb ausgerechnet nach Bad Sülze geschickt hatte? Das weckte meinen Ehrgeiz, so dass ich 25 Kilo abnahm. Dann war noch mein alter Trainer Manni Sinnhöfer auf mich zugekommen und hatte mich gefragt, ob ich nicht wieder zum Judo kommen wolle. Training konnte nicht schaden, sagte ich mir, denn in meiner Umgebung sollte man fit sein.

Ich stieg also wieder beim PSV Rostock (Polizeisportverein) ein und wurde nach nur vier Wochen Training Landesmeister.

Beim Judoklub Sportschule Bremen bekam ich einen Vertrag für die 2te Bundesliga.

Conny schöpfte Hoffnung, dass es nun einen neuen Weg mit uns geben könnte. Ihre Kritik an meinem Leben und den Verstrickungen hatte zugenommen. Trotzdem fuhr ich immer noch auf sie ab. Sie war eine Frau, bei der Mann permanent das Gefühl hatte, sie immer wieder neu erobern zu müssen.

Heute glaube ich, dass sie mein letzter Anker gewesen ist, um nicht vollkommen in den Drogensumpf abzukippen. Sie war mein letzter Halt, bevor ich mich gänzlich gehen ließ.

Das Chaos war perfekt. Ich bewegte mich zwischen Liebe, Milieu, Koks und Sport. Ich fühlte mich unbezwingbar und unverletzbar. Der Sagenheld Siegfried von der Ostseeküste. Alles was ich anpackte gelang und nichts konnte mich aufhalten. Probleme wischte ich zur Seite, darum konnte ich mich später immer noch kümmern.

Ich war also richtig unterwegs und meine Erfolgslinie zeigte steil nach oben. Dachte ich wenigstens, meinte ich jedenfalls. Ein bisschen Überheblichkeit, ein wenig Koks und viel Selbstüberschätzung.

VORWÄRTS, ES GEHT ZURÜCK

Der Weg nach unten begann 1996.

Als ich das „Come Inn" vor drei Jahren angemietet hatte, war es neu.

Was aber niemand von uns gewusst hatte, dass die Toilettenanlage eine bauliche Fehlleistung mit Gegengefälle war. Nun, nach drei Jahren hatten sich Rohre soweit zugesetzt, dass der Rückfluss, bei zu hoher Belastung, aus den WC-Becken wieder herauskam. Die Lage war also „beschissen", im wahrsten Sinne des Wortes.

Der werte Eigentümer, ein Herr Krabb aus dem Westen, zuckte nur mit den Schultern und hob die drei Finger zum Offenbarungseid.

Egal, wie auch immer, ich war der angeeierte Ossi, dem die Gäste wegblieben, weil es in seinem Laden nach Scheiße stank. Ich gewann den Prozess, welche Ironie, gegen einen Pleitier, der natürlich keine müde Mark aus der Tasche zog.

Zwischen den Parties, immer weniger Geld, weniger Gästen und ab und zu mit einer Nase Koks, ging die Talfahrt weiter voran.

Natürlich suchte ich in meinen Depressions- und Wachphasen immer wieder nach Auswegen.

Zwischen Suizidgedanken und Euphorie hatte ich meine Auf und Abs.

Ich bekam vom ehemaligen Bezirkstrainer Großkopf aus Frankfurt/Oder eine Einladung zu einer Budogala.

Es ging um einen Showkampf im Sumo. Einen Augenblick zögerte ich, doch was sollte es. Die Sache reizte mich.

In Frankfurt/Oder traf ich dann zum ersten Mal auf Torsten Scheibler, den ich im ersten Augenblick für einen Arsch und Idioten hielt.

Bei meinem ersten Kampf im Sumo musste ich gegen Jörg Brümmer antreten. Dass ich dabei einen guten Eindruck hinterlassen haben muss, wusste ich allerdings nicht. Ich verlor die Sache wieder aus den Augen, als sich neue geschäftliche Möglichkeiten am Horizont abzeichneten.

So winkte mir 1996 Fortuna wieder mit dem Füllhorn zu. Gegen eine gute Provision konnte ich als Begleiter bei einer finanziellen Transaktion dabei sein. Sozusagen der Kontaktmann aus Rostock.

Das Ganze sollte in Köln im Maritim-Hotel besprochen werden. Dabei handelte es sich um eine Containerladung Lire, die in eine andere Währung gewechselt werden sollte. Wie das auch immer vonstatten gehen sollte, wusste ich nicht. Interessierte mich auch nicht. Ich hatte nur meine Order, die Dinge zu beobachten und für die Unversehrtheit meiner Zielperson zu sorgen.

Bei dieser Gelegenheit traf ich zum ersten Mal X-Man. Ich nenne ihn hier deshalb so mysteriös, weil der Mann auf Grund besonderer Insiderkenntnisse anonym bleiben muss.

X-Man war für den Kontakt zu einer Deutschen Großbank zuständig.

So jedenfalls waren die Parameter für diese Sache.

Mein neuer Ansprechpartner ist eine der schillerndsten Persönlichkeiten, denen ich bisher begegnet war.

Als er in Beirut an der Amerikanischen Universität studierte, traf er in Cafés gelegentlich auf den heutigen Hisbollahführer Hassan Nasrallah. Der war schon damals Anti-USA eingestellt.

X-Man arbeitete später für einen der bundesdeutschen Nachrichtendienste. Er war unter anderem lizenzierter Waffenhändler und Sicherheitsberater, Fachmann für Codierung und Dekodierung und Entschlüsselung. Er hatte eine Firma auf den Bahamas für elektronische Zielsuchgeräte, Überwachungstechnologie und dealte mit der russischen Ölpolitik, bis hinauf ins russische Energieministerium. Er lebte diesen ganzen bunten Reigen, der mir so vorkommt wie der Teil eines James Bond Films, mit der ihm eigenen Gelassenheit. Für ihn war das alles nur ein rationales Geschäft mit Wissen und Information.

Zur der Zeit unseres Aufeinandertreffens hatte man ihn nach Wiesbaden geholt, damit er an Überwachungs- und Abwehrtechnik arbeiten sollte.

Wir verstanden uns ausgezeichnet. Ich sah wieder Sonne am Horizont. Was sollte mir mit diesem international erfahrenen Mann an der Seite passieren. Ein paar gute Abschlüsse und die Provision würden mich aus dem Tal der Tränen befreien.

Und doch, wir sind beide vorgeführt worden. Der clevere smarte Mann aus dem internationalen Business und ich, der gewiefte Kneipier aus dem Rostocker Milieu.

Auf die Rolle geschoben von einer kleinen Assel, mit einem perfekten Vortrag über Millionendeals.

Es war eine unglaubliche Mischung von Typen, die uns dabei über den Weg liefen. Ich hätte nie geglaubt, dass es so etwas wirklich gibt. Man traf sich in den teuersten Hotels in ganz Europa. Es fuhren dicke Limousinen vor und die Buffets waren erlesen. Mitten drin immer X-Man und ich. Immer knapp vor dem Abschluss der Sache und ständig ganz nah dran am dicken Cash.

So wie der Hund die Wurst nie bekommt, die ihm vor der Nase geschwenkt wird, damit er den Schlitten zieht.

Vorgeführt von einem kleine Puscher – Manfred Richter. Er sah aus wie ein Taliban. Der Typ hatte es richtig drauf, uns die Deals so realistisch wie möglich zu erklären. Und, als „guter Kumpel" der er war, bot er uns an, doch selbst mit einzusteigen, als wie nur bezahlte Begleiter zu sein.

Natürlich, sagten wir uns, es ist doch besser 100tausend zu kassieren, als nur 10tausend.

Okay, dafür mussten wir auch selbst die Spesen tragen, aber kein Ding, ohne Investition kein Gewinn.

So tourten wir für Ritter durch Europa. Mal sollte es ein Diamantengeschäft mit dem Antwerpener Diamantenhändler Isaak Vidarsky sein, mal eine Geldtransaktion aus dem nahen Osten oder ein Bargeldtransfer in die Schweiz. Ritter und sein Mitläufer Stephan Stepper haben uns das perfekt serviert.

Wir trafen auch Gustav Peese, der Angebotslisten verteilte oder via Fax versandte, auf denen zu lesen war

Neu im Angebot:
Butter
Margarine
Osmium

Wer bitte, verfasst den eine solche Offerte?

Auf dem Weg in die Schweiz wurden wir in meinem daytonavioletten 750er BMW an der Grenze bei Weil herausgewunken. Wir waren zu dritt. X-Man, sein italienischer Bekannter und ich. Der Grenzer verschwand, es dauerte eine ganze Weile, dann kam er mit einer Menge Kollegen zurück. Ein Verweis im System hatte auf uns aufmerksam gemacht. Die große Durchsuchung von 2 ½ Stunden brachte jedoch nichts zu Tage.

Auch im guten alten Rostock gab es immer mal wieder ein paar Aufreger, wenn ich da war.

1996 war der Bodybuilder D. W. auf dem Kriegspfad gegen mich, weil ich angeblich den Auftrag herausgegeben hätte, ihn zusammenzufalten. Ich schwöre, das war nicht der Fall.

Das Gerücht besagte, es sei eine Milieustreitigkeit, bei der ich Partei für P. B. ergriffen haben soll.

Wie auch immer. Auf jeden Fall flog D. eines Abends in mein „Come Inn" ein, als ich auch gerade anwesend war. So besoffen wie er war, packte er mich am Kragen und zog eine Knarre. Im nachfolgenden Gerangel am Boden konnte ich ihm die Puste aus der Hand schlagen, wobei sich ein Schuss löste.

Der Knall brachte D. wieder zur Vernunft und er beruhigte sich. Ich hob die Knarre auf und gab sie ihm zurück:

„Mensch D..., was machst du denn hier für nen Scheiß mit deiner Schreckschuss?"

D. nickte und steckte den Püster wieder ein, trollte sich davon.

Kopfschüttelnd sah ich ihm hinter her, während ich mir das Hemd in die Hose stopfte.

Als mich die Kellnerin am Arm zog sah ich sie an, folgte ihrem Blick und machte die erstaunliche Feststellung, dass sie den Finger durch die Tischplatte stecken konnte. Mit einem unbehaglichen Gefühl sah ich zur Decke und konnte auch dort einen Einschuss sehen.

D. hatte keine Schreckschusswaffe dabei gehabt, sondern ein scharfes Rohr.

Jetzt wurde mir doch ein wenig weich in den Kniekehlen. Ich setzte mich hin und bestellte mir erst einmal ein gutes altes, schottisches Männergetränk.

Conny und ich trennten uns in diesem Jahr. Es war ganz unspektakulär. Wir gingen ganz einfach in verschiedene Richtungen.

Wir sind noch heute gute Freunde und ich bewundere immer noch ihren Kunstverstand, ihre Malerei und ihr kulturelles Interesse.

Zwischendurch schloss die Hygiene 1997 mein „Come Inn" und das schon beschriebene Prozedere mit dem Eigentümer begann.

Noch glaubte ich an Ritter, der gelegentlich mal ein paar Spesen zurückerstattete, was aber sofort wieder von neuen notwendigen Vorausverauslagungen gefressen wurde.

Das ganze Intermezzo mit Ritter zog sich zig Monate hin und kostete X-Man und mich jeden 20tausend Mark, bevor wir zu uns kamen.

Ob Ritter selbst daran verdiente oder ob er nur von seinem Vater, den wir das „atmende Portemonnaie" nannten, lebte, ist mir schleierhaft.

Es nutzte auch nichts. Das Geld flog raus. Einnahmen entstanden nicht und so schloss ich auch diese Eskapade ab.

Es folgte eine monatelange Odyssee. Ich jobbte als Türsteher, Barmann, Leibwächter, Security. Machte hier und da das eine oder andere kleine Geschäft. Ich wurde eingeladen und lebte von meinem Namen. Dann wieder die eine oder andere Tour für Ritter. Die Zeit raste an mir vorbei, ohne dass ich es wirklich wahrnahm.

Das einzige, was mich immer wieder an die Oberfläche des Selbstbewusstseins spülte war der Sport. Ohne ihn wäre ich ganz einfach versunken in Depressionen und Suizidgedanken.

Es war ein „sich treiben lassen", wie schon öfter, wenn ich auf der Suche nach einer Entscheidung bin. Ich kann mir nichts mit rationaler Gründlichkeit vornehmen. Ich muss die Dinge spüren, die mich bewegen.

Mein Training beim Judo wurde wieder intensiver. Dieser Dunst in meinem Kopf, der Nebel, der vor der klaren Sicht auf die Situation lag, lichtete sich langsam.

Und irgendwann, zwischen nackten Bräuten, Koks, Sport und Depressionen musste ich mir eingestehen: DAS GEHT NICHT MEHR ZUSAMMEN.

X-Man zog sich später auf die Bahamas zurück und startete dort eine erfolgreiche Geschäftskarriere. Gelegentlich telefonieren wir noch und drohen uns mit gegenseitigen Besuchen. Er ist ein feiner Kerl geblieben.

So platzte ich in zehntausend Meter Höhe. Eben noch König und jetzt Bettelmann.

Gerade noch hatte ich die Kohle rausgeschmissen und jetzt lag ich mit 200 (zweihundert) tausend hinten.

Vom erfolgreichen Ossi zum Deppen mit Offenbarungseid und persönlicher Insolvenz.

1998 kam dann ein Anruf von Jörg Brümmer, dem Sumo.

„Was ist, keinen Bock auf Sumo?"

So richtig konnte ich mich nicht damit anfreunden, aber das Interesse daran war geweckt.

Zu dieser Zeit schlug ich mich durch, so gut wie es ging. Mal in Mutters Gastronomie als Kellner, mal als Türsteher oder auch mal auf der Tankstelle als Hiwi für alles.

Nach und nach baute ich mein Judotraining in Rostock aus. Mangels Partner im Sumobereich, das ja nur in Berlin stattfand, suchte ich nach Sparringskollegen. Da waren es Marko und der lange Tom vom Broncos MC, die sich immer wieder zur Verfügung stellten. Sie stemmten sich gegen Sandsäcke, wenn ich den Angriff trainierte.

Stück für Stück nahm der Sportgedanke in mir wieder Überhand.

Und endlich, 1999, nahm ich meinen Abschied vom Milieu und vom Gift, still, einfach und gerade, wie mein Charakter ist.

Ich ging, wie ich gekommen war. Ohne große Vorankündigung und ohne großen Bahnhof.

Das Gift ließ ich einfach weg, von einem Tag auf den anderen. Meine neue Droge war der klare Kopf am Morgen und neue Ziele.

Bei den Freunden und Kameraden im Milieu ist mein guter Ruf geblieben, ein Steher und guter Kämpfer zu sein. Aber auch ein ehrlicher Mensch, der zu seinem Wort steht. Jemand auf den Verlass ist, wenn er sich für eine Sache entschieden hat.

Das bedeutet mir sehr viel.

Ich kenne noch heute sehr viele von dort. Ich respektiere ihr Leben und übe keinerlei Kritik daran, sowie auch dort meiner Entscheidung mit Achtung begegnet wird und keiner versucht, mich in irgendwelche Dinge zu verstricken.

Neben vielen tollen Erlebnissen und Begegnungen mit außergewöhnlichen Menschen blickte ich auch zurück auf Anklagen wegen Landfriedensbruch, Körperverletzung und Drogenbesitz. So hat alles im Leben seinen Preis.

Aber das liegt nun hinter mir.

BLUT, SCHMERZ UND BLITZLICHT

Inzwischen trainierte ich zweimal in der Woche in Berlin-Marzahn in der „Kampfsportschule Klostergarten" unter Reinhard Bunk, dem Bundestrainer Sumo.

Ein fairer Sportsmann und bis heute ein guter Freund.

Meine Trainingspartner waren Jörg Brümmer, Torsten Scheibler, Karsten Grab, Lars Becker und Peer Schmidt-Düwinger, der Olympiabotschafter Berlins. Hier traf ich einige alte Recken vom Judo wieder, so auch Thomas Rossius.

Ich holte mir mit dem Mawashi einen wunden Arsch und cremte ihn dermaßen fürsorglich ein, wie es sonst nur ein Neugeborenes zu genießen bekommt.

Meine Finger und Handflächen waren aufgerissen von den Griffen, dem Zerren und Ziehen am Mawashi.

Aber ich kam in die Gänge und wurde schnell zu einem festen Teil der Gruppe. Bereits 1999 nahmen die gestandenen Recken mich, den Welpen, mit nach Holland zu den „Dutch Open", wo ich auf Anhieb Dritter in der offenen Klasse wurde. Bei diesem Turnier besiegte ich auch meinen ersten Japaner.

Von März bis November gab es jeden Monat ein großes Turnier und so gewann ich an Wettkampfpraxis.

Ich fühlte mich wieder einmal geborgen. Diesmal in der großen Sumo-Familie.

Unser Verband war zu dieser Zeit noch ein Verband der kurzen Wege.

Wir wurden vom Verband in vielerlei Hinsicht unterstützt.

Man bezahlte mir das Trainingslager in Tokio, die Sportkleidung, übernahm die Reisekosten, die Startgelder und es gab sogar ein Tagegeld in Höhe von zehn Mark.

Unser Sponsor war die ANA, die All Nippon Airlines, die uns jährlich bis zu 200 Tickets zur Verfügung stellte. Das heißt nicht uns, sondern dem Verband. Aber darüber erzähle ich euch später mehr und auch davon, dass die Dinge nicht immer so sind wie sie scheinen.

Im Moment fühlte ich nur die Herausforderung und ein neues Glücksgefühl beseelte mich, ich hatte zurückgefunden zur Heimat Sport.

So fuhr, oder besser flog, ich zum ersten Mal nach Japan.

Es ging zur Nishi-Dai-University in Tokio. Dort wurden die besten Profis trainiert und es war eine besondere Ehre, dass wir dort am Training teilnehmen durften.

In den ersten Tagen glaubte ich, vor Respekt und Achtung nicht laut reden zu dürfen oder gar zu wagen, mich zu räuspern. Alles um mich herum sog ich in mir auf. Die Gerüche, die Farben und die Menschen. Das also war die Wiege des Sumo. Wenn ich alleine durch die Gänge zu den Trainingsräumen, unserer Unterbringung und zu den Außenanlagen war, berührte ich ehrerbietig jede einzelnen Kleinigkeit an den Türen, den Gebäuden und den Mauern. Ich glaubte, den Geist der alten Meister zu fühlen und stellte mir vor, dass der Staub schon seit Jahrhunderten dort lag. Manchmal glaubte ich auch Stimmen im Wind zu hören.

Aber davon habe ich damals natürlich niemanden etwas erzählt. Die Sportkameraden hätten mich wohl zu einem Psychiater geschickt. Doch wer weiß, vielleicht ging es ihnen selbst auch so.

Aber auch die Asiaten waren neugierig auf uns. Da kamen nun ein paar Rundaugen aus dem alten Europa und glaubten, in die heilige Welt des Sumo eindringen zu können. Hier waren wir die Exoten und so betrachteten sie uns misstrauisch, aber gleichzeitig auch neugierig. Natürlich wussten sie genau, wer wir waren. Immerhin war Jörg „Brümmi" Brümmer im Schwergewicht 1998 Weltmeister geworden und Torsten „Scheibi" Scheibler WM-Dritter in der offenen Klasse in Japan geworden. Wir spürten aber, dass man uns leicht belächelte und uns nicht sooo viel zutraute.

Mir kam schon eine besondere Aufmerksamkeit zu, weil ich der Schwerste von uns war.

Mit 200 Kilo rangierte ich gewichtsmäßig noch vor Brümmi und Scheibi.

Die Ankunft in Japan war für mich eine Art Kulturschock. Es herrschte überall ein Treiben, eine Hektik und eine Unruhe. Wohin man sah waren Menschen in Bewegung oder gingen irgendeiner Tätigkeit nach. Alle schienen mit wichtigen Dingen beschäftigt zu sein.

Dazu kam der technische Standard, der mich einfach weghaute.

Da kam der dicke Alex aus Rostock nach Tokio und empfand die elektronische Perfektion als übermächtig. Alles was ich in Europa gesehen hatte, war im Vergleich zu dem hier einfach lächerlich, ähnelte eher einem Baukasten.

Hier brannten mir die Augen und ich bekam das Gefühl, nicht alles in mich aufnehmen zu können. Riesige Videowände (40 x 40 Meter) zeigten Mangas, Leuchtreklamen gigantischen Ausmaßes ließen meinen Mund offen stehen. Im ersten Augenblick hatte ich das Empfinden auf einem anderen Planeten zu sein.

Das war hier die totale Computerwelt, Animation pur, eine Art Science Fiction.

Wo wir Europäer glauben, schon alles automatisiert zu haben und uns darüber beschweren, nur noch von Automaten bedient zu werden, leben die Japaner bereits zwei oder drei Generationen weiter in der Zukunft. Wo bei uns der Protest einsetzt, weil Computer Arbeitsplätze vernichten und an Einrichtungen nur noch 50 Mitarbeiter eingebunden werden, bedienen den selben Aufwand in Japan nur noch zwei Menschen.

Jeder noch so kleine Automat, jedes Bedienungselement oder jede öffentliche Einrichtung ist in der Handhabung so präzise beschrieben, dass auch wir, aus der westlichen Welt, damit klargekommen sind.

Mein persönliches Erlebnis bereitet mir eine Toilettenanlage, die mich, nach Beendigung meines Geschäftes von unter her kärcherte. Zuerst sprang ich erschrocken auf, als es mir plötzlich nass ans Gemächt spritzte, aber ein sauberer Arsch gehört nun mal zur japanischen Kultur.

Nun begannen die härtesten Tage im Sumo für mich, und ich glaube auch für die anderen, die wir je erlebt hatten.

Neben dem üblichen Gymnastik- und Aufbautraining absolvierten wir zehn bis zwölf Kämpfe täglich. Und es kam knüppeldick. In den ersten sieben Tagen bezog ich richtig Senge.

Meine Beine waren offen, von den Kämpfen auf dem Lehmboden, Hämatome am ganzen Körper und dazu immer das mitleidige Lächeln der japanischen Sportkameraden.

Ich quälte mich im sogenannten „Make–Koshi". Das heißt, dass ich mehr Kämpfe verlor, als ich gewann. In Zahlen bedeutet das, dass ich im Schnitt nur drei von zwölf für mich entscheiden konnte. Man kann sich bestimmt vorstellen, wie man damit angesehen war.

Am neunten Tag war dann Alextag. Alles Leid der letzten Tage und mein unbändiger Wille, mich endlich so zu zeigen, wie ich wirklich war, ließen mich meinen ersten Gegner bezwingen. Ich kämpfte mich zum ersten Mal im „Kashi-Koshi". An diesem Tag gewann ich 11 von 12 Kämpfen. Es war wie ein Ritual und eine Befreiung für mich. Erst jetzt, war ich im ehrwürdigen Kreis der Krieger im Mawashi aufgenommen. Das merkte ich auch sogleich im Umgang mit den anderen Kämpfern und vor allem auch mit den japanischen Schülern.

In den Kampfschulen (Heya) gibt es eine strenge Hierarchie. So muss der Schüler dem Älteren beim Duschen den Rücken schrubben. Durch meinen Sieg hatte ich nun auch ein Anrecht darauf.

Nicht dass ich das unbedingt gewollt hätte, aber versuch mal einen eifrigen Schüler davon abzuhalten, dir eine Ehre zu erweisen. So erwischte es auch mich.

Alles hat jedoch seine Grenze. Als unter der Dusche einer der Schüler mir fürsorglich über den Arsch wischte, hat nur ein winziger Augenblick gefehlt und ich hätte ihn beinahe gefällt. Gott sei Dank wurde mir rechtzeitig signalisiert, dass die Geste des Schülers vollkommen in Ordnung ist.

Das mag ja sein, aber meinem Hintern erteile ich lieber selbst die Ehrerbietung.

Nachdem die ersten Quälereien und Schindereien hinter uns lagen, füllte sich auch die Freizeit mit Erlebnissen.

Zwar gab es keine Geishas für uns, aber dafür reichlich Sake, den japanischen Schnaps.

Vielleicht war der auch ein bisschen mit Schuld daran, dass unser Waffennarr und Spielkind Scheibi mit seiner MP5-Soft Air im Aufenthaltsraum rumballerte. Dort pennten und feierten wir mit sieben Leuten auf dreckigen Futons.

Auf jeden Fall stand die Tür zum Hof auf.

Scheibi, mal wieder voll in seinem Element, visierte auf dem Hof ein imaginäres Ziel an und drückte ab. Dass er den japanischen Trainer mit der rotfärbenden Farbkugel voll auf die Arschbacken traf, als dieser aus der Sauna kam, war sicherlich nicht beabsichtigt, aber mit einem vollem Erfolg beschieden. Blattschuss nennt man das wohl in der Jägersprache.

Der Japaner machte einen riesigen Satz, schrie:

„Hoto" (was immer das auch heißt) und rannte weg.

Nun war guter Rat teuer und wir lösten unsere Party erst einmal auf.

Die ganz logische Erklärung dafür war, dass bei der zahlenmäßigen Überlegenheit der Japaner in Tokio, ein Rückzug keine Schande bedeuten kann.

Brümmi und ich hielten uns die nächsten Stunden im Getränkemarkt „Seven Eleven" auf.

Brümmi war sowieso nicht gut ansprechbar. Schon am zweiten Tag hatte ihm ein Headbutt, als Startattacke in einen Kampf, einen Haarriss im Jochbein bereitet. Die Prognose bekam er im internationalen Krankenhaus, in das ich mit ihm fuhr.

Damit war das Trainingslager für Brümmi vorbei. Das war umso ärgerlicher, da dieser Kopfstoß in Europa unüblich ist und Brümmi darauf nicht vorbereitet war.

Eine große Ehre wurde uns zuteil, als uns Tanaka, der Präsident des japanischen Sumoverbandes, zum Essen einlud.

Zu aller Überraschung bekamen alle 15 Kämpfer jeder 250 Mark geschenkt. Dazu gab es reichlich Sake und Sushi.

Zum Schluss war ich so besoffen, dass ich auch Sushi vom FuguFisch, dem absolut tödlichen Kugelfisch, ass. Das ließ mich in den Augen der Gastgeber besonders mutig und würdig erscheinen.

Zurück in Deutschland standen wir im öffentlichen Interesse. Es gab noch einiges mehr an Medienaufmerksamkeit uns Sumoringern gegenüber, als wir es sonst gewohnt waren.

So war auch ich mal wieder der regionale Sportheld in und rund um Rostock.

Alles drehte sich um Alex und Alex drehte sich um sich selbst.

Allerdings kam ich mit der neugewonnenen prominenten Rolle nicht so richtig klar und das Schicksal, zusammen mit dem lieben Gott, dachte sich wohl: „Hau dem Dicken mal eine aufs Maul, damit er wieder auf den Teppich kommt".

Prominent aber arm war ein Zustand, den ich ja nun schon einige Zeit ertragen musste, also jobbte ich.

Ich sorgte in Warnemünde in einer Diskothek für die Sicherheit, um ein paar Mark zum Lebensunterhalt dazuzuverdienen.

So geriet ich in den Rhythmus von Training und Nachtarbeit.

Ich achtete bis morgens auf die Gäste, dann vier Stunden schlafen und anschließend nach Berlin fahren, zum konzentrierten Training.

Wieder ins Auto und zurück nach Rostock, weil dort mein Dienst in der Disko um 19.00 Uhr anfing.

Was soll's, Alex hält das aus. Aber auch nur so lange, wie Reserven da sind. Die waren dann eines Tages aufgebraucht.

Ich hatte meine Nachtschicht hinter mich gebracht und mir was fürs Herz aufgetan.

Gegen 04.00 Uhr früh war ich dann auch gut angesoffen und fuhr noch mit der Schnecke zu ihr nach Hause, wo ich sie glücklich machte.

Jetzt war die Zeit für eine Pause gekommen und ich beschloss, nach Dierhagen zu fahren, um endlich die vom Körper so dringend benötigte Erholung zu bekommen.

Auf dem Weg dorthin bekam ich einen riesigen Hunger und beschloss einen McDrive anzusteuern.

Leider war die Warteschlange bei dem „goldenen M" ziemlich lang und ich hielt dem Druck der Müdigkeit nicht stand. Ich schlief, mitten in der Warteschlange im Auto, ein.

Tage später erzählten mir einige Bekannte, die das Dilemma miterlebt hatten, dass sich zwei Zivilbeamte geweigert haben, den stadtbekannten Dicken zu wecken, das überließen sie lieber dem herbeigerufenen Six Pack, sechs Mann, vom Bundesgrenzschutz.

Die schoben dann auch mein Auto beiseite, genauso wie später der Richter meinen Führerschein für elf Monate in seine Schublade schob, weil die 1,7 Promille des Blutalkoholtestes für eindeutig zuviel zum Führen einen Kraftfahrzeuges befunden wurden.

Brümmi, der alte Lästerkopp, behauptet ja noch heute, dass ich in einen Sekundenschlaf falle, wenn ich die goldene Möwe, das M von Mc Donalds, auch nur von weitem sehe.

Da waren aber auch andere Erlebnisse, die einfach geil waren. So der Dreh zum Film „Sumo-Bruno". Diese Branche kennenzulernen war eine neue, wichtige Erfahrung in meinem Leben.

Es drehte Neue Welt Film mit dem Regisseur Lenard Krawinkel. Aus meiner sportlichen Sicht heraus, war ich natürlich auf den Hauptdarsteller gespannt. Für mich keine Frage, dass es schon jemand sein musste, der die Figur auch innerlich leben musste. Das nur soweit zu meiner Naivität zum Filmgeschäft. Das John Wayne nicht privat auf einem Pferd und mit Colt zum Einkaufen geritten ist, war mir schon klar.

Aber was Leute beim Film für eine Mogelpackung spielen und die dann auch noch außerhalb der Dreharbeiten beibehalten, war neu für mich.

In der Hauptrolle lief eine gewisse Flachzange Hakan Orbeyi als Sumo-Bruno auf.

Was für eine Type, unglaublich. Eher eine Primadonna als ein Krieger.

Was der alles veranstaltete, um auf sich aufmerksam zu machen! Unglaublich!

Wenn schon alles drehfertig war, ließ er das ganze Set warten. Wahrscheinlich um allen zu zeigen, wie wichtig er sich fühlte. Aber wichtig macht man sich nicht, sondern wichtig ist man – oder nicht.

Bei jeder Gelegenheit ließ er los, dass er Defense beim American Football ist und Vollkontakt Karate betreibt. Seine größte Mühe galt dem Versuch, sich ein Image als Gangster aufzubauen.

Mann, Hakan, was für ein vergebliches Unterfangen.

Nach einer Trainingseinheit mit Brümmi und mir, machte der Haubentaucher erst einmal eine Woche krank.

Mein Fazit: Ein Monchhichi mit dem Habitus eines Snoop Doggy Dog.

Trotzdem gehören die Erfahrung und die Arbeit am Set, mit Oliver Koritke, Martin Semmelrogge und vielen anderen, zu den positiven Erlebnissen dieser Zeit.

Weihnachten und Silvester 99/2000 verbrachte ich vollkommen unspektakulär im Kreise der Familie.

Am 08. Jan. 2000 hatte ich eine Gerichtsverhandlung, bei der gleich mehrere Anklagen abgefertigt wurden. Zum einem wegen der Keilerei mit den beiden Russen, also doch noch, die mir das Messer in den Ellbogen gerammt hatten, zum anderen wegen der Promilletour zu Mc Donalds und dann noch wegen Drogenbesitzes.

Die Körperverletzung konnte der Anwalt wegbügeln, die Sauftour mit dem Auto kostete mich die bereits erwähnten 11 Monate Führerscheinentzug und wegen dem Rest bekam ich 90 Tagessätze a 30,-- DM. Somit hatte ich meinen Arsch gut vom Eis bekommen.

Bei der anstehenden Internationalen Deutschen Meisterschaft Sumo bin ich im Schwergewicht sang- und klanglos untergegangen.

Das machte mich allerdings so richtig sauer und ich startete in der offenen Klasse mit ´nem richtig dicken Hals.

Nacheinander klatschte ich meine drei Gegner von der Matte. Unter ihnen auch den Vize-Weltmeister Jacek Jaracz aus Polen. Ich war richtig in Fahrt. Das Aus und die einzige Niederlage kamen mal wieder aus den eigenen Reihen. Ich verlor das Finale ausgerechnet gegen Brümmi.

Damit kann ich ja leben, aber was dann passierte war der Sahnetrüffel in der Torte.

Für Platz 1 waren 1.000 Mark ausgelobt.

Brümmi bekam die tausend und ich ... ich bekam ein schickes Kästchen mit einer elektrischen Zahnbürste. Scheiße.

Die Europameisterschaft danach habe ich total verschissen.

Vielleicht genoss ich auch den Medienrummel zu sehr, der immer mal wieder aufflackerte. Man verstand es, mir im richtigen Augenblick um den Bart zu gehen und mir das Gefühl zu geben, ich sei eine richtig wichtige Nummer.

So landete ich unter anderem bei Arabella und dem Thema: „Ich bin fett und bekomm dich doch ins Bett."

Dort war ein Typ eingeladen, der wohl nur als Kontrast zu mir seine Meinung sagen sollte. Das tat der dann auch und ließ keine Gelegenheit aus, mich als doofen und fetten Blödmann hinzustellen. Damit ging er mir so richtig auf den Sack. Das tat er aber nur solange, bis ich ihm, bei einem seiner schnodderigen Beiträge, zu dem er sich beifallheischend im Publikum umsah, antwortete: „Es klatscht gleich, aber keinen Beifall!"

Die Zuschauer grölten begeistert und ab da an herrschte Ruhe von seiner Seite.

Ich war auch bei „Verstehen sie Spaß" und anderen Sendungen..

Im Dezember 2000 wurde ich für die Weltmeisterschaft in Sao Paulo aufgestellt. Ich hatte mich gerade noch rechtzeitig wiedergefunden, meine Trainingsleistungen gesteigert und meine Form auf ein Optimum gebracht.

Gespannt auf das Land, wo die wahnsinnig tollen Frauen halbnackt an den Stränden nur so herumliegen sollen, wurden wir nach einem zwölfstündigen Flug schnell wieder von der Realität eingeholt.

Vor unserem Down Town Hotel lag Nato Draht und Bewaffnete kontrollierten.

Der erste Eindruck war der eines Kriegsgebietes.

Aber was soll's, wir waren ja richtige Kerle und dachten uns nichts dabei, als wir abends in einer der Nebenstrassen einen Getränkeladen aufsuchten. Es drückten sich zwar einige dunkle Gestalten herum, aber das beunruhigte uns überhaupt nicht.

Wir schoben die misstrauischen Blicke und die Tuscheleien eher auf unsere körperlichen Erscheinungen, vielleicht auch auf meinen wasserstoffblonden Haarschopf, den ich mir für eine Nacht Freisaufen gefärbt hatte.

Sonst aber hatten wir nicht das Gefühl, etwa bedroht zu sein.

Am kommenden Tag wurden wir vom Hotelmanager angepfiffen, der wohl für unsere Sicherheit garantieren musste.

Über einen Dolmetscher radebrechte er uns, ob wir denn völlig wahnsinnig seien. Ob wir noch nichts von den berüchtigten Favela-Gangs gehört hätten.

Genau in deren Area hatten wir uns gestern bewegt. Bestimmt hatte uns auch unsere Erscheinung den Arsch gerettet, aber auch nur für den Augenblick, denn Angst haben die Gangs dort bestimmt nicht.

Wir haben den Besuch auch nicht wiederholt.

Das Hotel war gut und ich teilte mir das Zimmer mit Wolfgang Zuckschwerdt. Unglaublich, wenn ich daran denke, dass heute eine Feindschaft zwischen uns herrscht, die ich mir nicht genau erklären kann. Allenfalls darüber Vermutungen anstellen kann.

Freitags vor dem Wettkampf war das Wiegen. Scheibi hatte seinen Pass vergessen und musste zurück ins 24ste Stockwerk. Auf der Rückfahrt stiegen noch weitere Sumoringer zu und der Fahrstuhl sackte bis in den Keller durch.

Das war genau das Richtige für unseren Kollegen. Noch heute sehe ich seinen dicken Hals, als er endlich hochrot zur Kontrolle kam. Scheibi war richtig fest, als er auf der Waage stand.

Sonntags besiegten wir die Japaner und wurden Weltmeister mit der Mannschaft. Eine unglaubliche Nummer und alle Regeln waren außer Kraft gesetzt. Die Sensation war perfekt.

Abends gab es eine Wahnsinns Feier mit allen Teilnehmern.

Der Norweger Hans Borg musste sich einen Dolmetscher schnappen, damit der ihm einen vernünftigen Preis mit einer Hure aushandelte, weil Hans nicht mehr an sich halten konnte.

Ich war so besoffen, dass ich auf dem Zimmer quer über die Beine des schlafenden Kollegen Zuckschwerdt fiel und auf der Stelle in einen komaartigen Zustand fiel.

Das hatte Konsequenzen Als Wolfgang Zuckschwerdt am kommenden Vormittag wach wurde, stieß er entsetzt hervor: „Mein Gott, ich bin gelähmt, ich spüre meine Beine nicht mehr!"

Doch dann brachte die Durchblutung wieder Leben in seine Stelzen.

Vielleicht hasst mich der Polizist Wolfgang Zuckschwerdt seitdem, was natürlich Blödsinn ist. Ich weiß es nicht.

Ich vermute eher, dass es der Medienneid ist. Er möchte viel lieber seine Frau, Sandra Köppen, in den Zeitungen und auf dem

Bildschirm sehen, als immer wieder so einen Kerl wie mich. Vielleicht auch weil er selbst Polizist ist und meinen gesamten Lebensweg nicht gutheißt.

Scheibi und ich blieben noch eine Woche in Rio. Wir waren richtige Stars in Brasilien, man erkannte uns auf der Strasse und die Chicas waren willig, genau wie wir.

Hans Borg war ebenfalls noch unterwegs und steuerte alles an, was ihm begehrenswert erschien. Der Norweger war permanent geil.

Das Wunder um seine ständige Geilheit klärte sich auf, als heraus kam, dass seine Mannschaftskollegen ihm täglich zwei Viagra in die Drinks gemischt hatten.

„Heee, Hans, ich hoffe du bist inzwischen wieder runter gekommen"

Schon in Rio rief die BILD an und man kann sich vorstellen, was in Deutschland und erst recht in Rostock los war.

Mutter hat vor Freude geweint und bei den Kumpels von mir herrschte der Ausnahmezustand.

Ein Junge aus Mecklenburg-Vorpommern war Sumo-Weltmeister in Brasilien geworden, mit einem Kampfgewicht von 203 Kilo. Aber ich pushte weiter, getreu der Devise: „Gewicht ist gut".

So steigerte ich mich auf 210 Kilo.

2001 trat ich bei „Franklin" auf und das Deutsche Sportfernsehen krönte den Erfolg mit einem großen Bericht über die Sumoszene in Deutschland. Ich schwamm im Erfolg und sonnte mich darin. Das Leben ist geil.

Bei der Internationalen Deutschen Meisterschaft im März wurde ich Dritter. Doch das war nicht das maßgebliche, sondern eine kleine Warnung an mein Gewicht.

Das Duschelement in meinem Zimmer knirschte und brach unter mir zusammen. Ich hätte damals darauf hören sollen. So aber nahm ich es als Materialfehler hin und lachte mit den anderen über den Vorfall.

Jenny lernte ich beim Judotraining in Rostock kennen und lieben. Wir zogen nicht zusammen, sondern trafen und schliefen zwei- oder dreimal die Woche zusammen. So ging das gute fünf Monate. Immer wieder versicherte mir Jenny, dass sie verhüte. Bis zu dem Tag der Beichte, die sie mit den Worten:

„Du, was ich dir noch sagen wollte!", einleitete.

Jenny druckste noch ein wenig herum, gab aber dann zu, bewusst auf die Verhütung verzichtet zu haben, um mich an sie zu binden. Und was soll ich sagen? Bingo! Es hatte geklappt, sie war schwanger.

In meinem Schädel platzte eine Bombe. Ich fühlte mich verraten und verarscht. Auf dieser Basis konnte ich keine Bindung aufrechterhalten. Schlagartig gingen mir die Lichter aus.

„Ich erkenne das Kind an, helfe dir, aber dann ist Pumpe!"

So war es dann auch. Mein Sohn Alexander Maximilian kam am 02.02.2002 zur Welt, als ich bei einem Fotoshooting im Chinesischen Zirkus war.

Jenny und ich trennten uns und zu meinem Sohn nahm ich keinen Kontakt auf.

Die letzten Monate, zwischen Medienauftritten und einigen sportlichen Highlights, plätscherten vor sich hin und brachten das eine oder andere lustige, beziehungsweise besinnliche Erlebnis.

So auch die „offene ungarische Meisterschaft", zu der wir eingeladen wurden. Abends in Budapest, am Fuße des Schlosses, besuchten unter anderem Karsten Grap, Brümmi, ein Junior, Reinhard Bunk, ich und noch ein paar andere, eine Sauna. Ein so genanntes römisches Bad.

Einer der Kampfrichter ließ sich in einem separaten Raum massieren. Als wir die Sauna betraten, herrschte vor der geballten Kraft unseres Teams zunächst ehrfürchtige Stille und Verwunderung, aber wir schoben das auf unsere Körpermaße. Erst nach einigen Gängen heiß und kalt, fiel uns auf, dass in dem etwa zehn mal zehn Meter großen Becken nur Männer schwammen, die sich ab und zu auch umarmten.

Jetzt war es an uns, immer stiller zu werden. Wir rätselten noch befremdet herum und der Kampfrichter schaute besorgt zu der Tür, hinter der er massiert worden war, als unser Junior fragte: „Herr Bunk, wissen sie eigentlich, dass das hier eine Schwulensauna ist?"

Mehr war nicht zu sagen und wir drückten uns mit dem Rücken an der Wand hinaus, von dem einen oder anderen enttäuschten Blick der übrigen Saunabesucher begleitet.

Ich bin bei den World Games in Japan gewesen und hatte den zweiten Platz mit der Mannschaft erreicht. Dort musste ich allerdings auch meinen Traum begraben, Tokio einmal von der Universität aus zu Fuß zu besuchen. Das scheiterte an meinem Gewicht. Ich wog jetzt 220 Kilo und die Luftfeuchtigkeit, die bis zu 90 Prozent betrug, legte mich flach.

Ich erfand eine neue Sportart, das Klimaanlagen-Hopping. So schleppte ich mich von Getränkemarkt zu Getränkemarkt, tätigte Pseudoeinkäufe, um mich alle zehn Minuten abkühlen zu können.

Ich besoff mich, verlor Pass und Ticket. Das Ticket wurde wiedergefunden und einen vorläufigen Pass bekam ich von der Deutschen Botschaft.

Auf dem Rückflug, ich war gerade auf der Toilette, brach vor der Tür eine Frau zusammen und so war ich eingesperrt. Nur schwer wehrte ich die Panikattacken ab, die in mir aufstiegen. Ich konnte mich nicht drehen und wenden.

Es war zu eng in der Kabine und ich bekam einfach Platzangst.

Oma Käthe ging es immer schlechter. Sie litt an Parkinson. Meine Mutter pflegte sie und so oft es ging unterstützte ich sie, indem ich Ausfahrten und Spaziergänge mit meiner Oma machte. Oma war nur noch Hülle und litt zusehends auch an Demenz. Es betrübte mich sehr, wenn ich sie ansah und dachte: „Schon tot, aber noch immer am Leben."

Ich selbst wurde immer fetter und konnte irgendwann nicht mehr schlafen, bekam eine Schlafapnoe. Das bedeutet Schnarchen und Atmungsaussetzer. In der Klinik, in die man mich einlieferte, bekam ich ein Übernachtgerät auf die Nase. Das drückt das Gaumensegel mit Luft hinunter und ich bekam den ersten langen Schlaf nach Jahren. Welch ein neues Lebensgefühl.

Während des Klinikaufenthaltes lernte ich eine zauberhafte Krankenschwester kennen und uns verband eine große Sympathie, vielleicht auch etwas mehr. Aber es kam nie zum Sex.

Ganz einfach, weil ich ihr zu fett war. So deutlich hatte mir das noch niemand zuvor gesagt. Da war ich angeklingelt, angezählt. So kompromisslos hatte mir das noch niemand beigebracht.

Ich zog mich gesellschaftlich zurück.

Trotzdem bekam ich mit, dass man hinter vorgehaltener Hand mich auch „Onkel Fester" (Addams Family) in ganz fett, nannte.

Ein Blick in den Spiegel zeigte mir einen Freak mit Augenringen, bleich, blond und superfett. Satte 225 Kilo. Und so wurde ich Sportler des Jahres in Rostock.

Aber das Erlebnis in der Klinik hatte mich durchgeschüttelt. Ich wollte etwas ändern. Raus aus der Lethargie und wieder hinein in das eigentliche Leben. Kein Untoter sein, der nur für die Sekunden im Ring zum Leben erwacht, um dann wieder in Erschöpfung zu fallen.

Wie so oft reichte mir das Schicksal wieder einmal seine helfende Hand und durch eine private Vermittlung landete ich am Theater.

2002 begann mit einigen Paukenschlägen.

Am „Theater an der Parkaue" in Berlin suchten sie für das Stück von Tankred Dorst „Wegen Reichtum geschlossen" jemanden für die Rolle des Sumoringers. Das passte. Der damalige Regisseur Manuel Schöbel, beobachtete und testete mich ein paar Tage, bis er mich lobte:

„Mensch Alex, du hast richtig Talent!"

So blieb ich ab Januar 2002 in Berlin, wohnte in einer kleinen Wohnung an der Landsberger Allee.

Von dort aus konnte ich alles gut koordinieren. Vor allem den Sport mit dem Geld verdienen. Wann hatte ich das schon einmal so praktisch gehabt?

Vormittags zum Training und abends auf die Bühne. Sechs Wochen lang, eine coole Zeit.

Die Arbeit am Theater eröffnete mir eine vollkommen andere Welt und eine neue Sicht auf die Dinge um mich herum. Ich erfasste ein faszinierendes Spektrum an Möglichkeiten, sich selbst zu erleben und sich zu empfinden. Ich begriff, wie fest strukturiert meine bisherige Denkweise gewesen war. Aber auch diese Zeit ging zu Ende.

Am 02. Februar kam mein Sohn zur Welt und am 17. Februar 2002 starb meine, von mir über alles geliebte Oma Käthe. Ihr Tod stürzte mich zurück in dieDepression und ich verfiel für eine Weile in Gedanken über den Tod und die Einsamkeit. Über den Sinn des Lebens und ob wir selbst für unser Dasein verantwortlich sind oder ob alles eine Vorbestimmung hat.

Dann kam mein Auftritt im MDR (Mitteldeutscher Rundfunk).

Als ich einige Tage später die Videoaufzeichnung davon sah, begann ich mich vor mir selbst zu ekeln. Mir wurde regelrecht übel.

War ich das wirklich, dieses fette Schwein ohne jegliche Ausstrahlung? War aus mir ein dickes Monster geworden, das sich ohne Sinn Essen in den hohlen Schädel schob?

Der übermächtige Wunsch und mein eiserner Wille brannten sich in die Windungen meines Gehirns, fraßen sich durch Depressionen, Selbstgefälligkeit und Fett. Ich wollte auf 180 Kilo abspecken, also rund einen Zentner Körpergewicht abnehmen.

ELFENTANZ UND PHÖNIX

Zuerst reduzierte ich meine Kalorienaufnahme, erweiterte meinen sportlichen Trainingsablauf um einige Einheiten zum Abnehmen.

Nebenbei gelang es mir, einige Turniere zu gewinnen, aber keinen internationalen Titel zu holen. Das hing auch mit meinem Abnehmen zusammen, aber das war es mir wert. Natürlich verlor ich an Substanz und an Schnellkraft.

Mein Körper war auf Entzug. Wenn er nicht die Kalorien bekam, die er wollte, dann revoltierte er und schlug Kapriolen.

Aber kämpfen kann ich, davon verstehe ich etwas. Und so nahm ich auch den schwersten Kampf, den gegen mich selbst, auf.

Ich zog mich in meinen eigenen Mikrokosmos zurück.

Trotz der Qualen des Gewichtsverlustes biss ich mich durch und so langsam wurde meine Präsenz im Ring wieder stärker.

Gerade jetzt wären Erfolge so wichtig gewesen. Doch wieder gab es etwas auf die Fresse.

Bei der EM in Moskau hat man mich im Viertelfinale beschissen. Wieder einmal ging es gegen Jacek Jaracz aus Polen und ich verlor wieder. Aber diesmal nicht sportlich, sondern durch ein Fehlurteil. Der Videobeweis zeigte es später ganz deutlich. Der Sieg hätte mir gehört. Der Pole war aus dem Ring, bevor ich den Boden berührte. Aber man gab ihm den Sieg. Das machte mich, in meiner Art zu kämpfen, noch aggressiver.

Im folgenden Trainingslager in Japan machten wir eine Tour durch verschiedene Schulen.

Von meiner Diät und dem Betrug bei der EM war ich dermaßen aufgeladen, dass uns schon bald ein harter Ruf vorauseilte. Ein japanischer Trainer zog sogar seine Schüler zurück, als er sein Urteil über uns abgab:

„Die sind zu gut, die müssen zu den Profis!"

Welch eine Ehre, so etwas in Japan gesagt zu bekommen.

2002 lernte ich auch Kavata Mbiti kennen. Sie ist Schweizerin, wie ihre Mutter, ihr Vater Kenianer. Frau Mama war Professorin der Germanistik und der Vater ein weltweit führender Professor der afrikanischen Theologie und unterrichtete in Stanford und Harvard.

Ich war in Kavata verliebt, es war aber eine heimliche Liebe, weil ich mir nicht vorstellen konnte, dass sie mir dasselbe entgegenbringen würde.

Kavata war Bildhauerin und eine Meisterschülerin der UDK (Universität der Künste) und ich sollte ihr Modell stehen, was ich auch tat.

Es entwickelte sich eine tiefe Freundschaft.

Besonders berührt hat es mich, als wir einmal zusammen den Film American History X im Fernsehen angeschaut haben. Darin geht es um die Vorherrschaft der weißen Rasse in den USA. Ein harter Film, der auch mit dem Faschismus, Hakenkreuz und dem arischen Feldzug spielt. Ich dachte an meine Zeit bei den Rechtsradikalen zurück und wagte es kaum zu Kavata hinzusehen:

„Mann, was war ich für ein Idiot gewesen!"

Kavata kannte meine Geschichte und ich weiß nicht, wie sie dabei empfunden hat.

Sie ist eine der wenigen Frauen, denen ich hinterher traure.

Ich denke, dass ich mich noch einmal aufmachen werde, um sie wiederzusehen. Was für eine irre Welt.

Mitten in diese Aufs und Abs der Gefühle rutschte ich in das Jahr 2003, das am Morgen des 02. Januars mit einem der geilsten Erlebnisse begann. Sensationelles im Badezimmer stand auf dem Programm.

Die Waage zeigte nicht mehr „Error", sondern nur noch lächerliche 199,1 kg, als ich auf ihr stand. Was war ich doch für eine Elfe! Nur wer selbst einmal richtig fett war, wird diese Euphorie verstehen.

Die Hosen aus der über 220 Kilozeit waren deutlich zu groß geworden.

Nein, ich habe mir daraufhin kein Extrasteak als Belohnung gegönnt, sondern bin fleißig weiter beim Abnehmen geblieben.

Im Februar beim Welt Cup Turnier in Moskau wurde ich nur Fünfter.

Egal, dafür war das Hotel Dynamo etwas für Gefahrensucher.

Die Zimmer von Grappi und mir, sowie das von Brümmi und Scheibi waren die beiden einzigen, deren Türen noch nicht eingetreten waren.

Als ich barfuß zum Klo auf dem Gang ging, dachte ich zuerst, ich hätte Klettverschlüsse an den Fußsohlen, den Geräuschen nach, wenn ich die Sohlen von dem klebrigen Boden hochriss, hätte es so sein können. Nachdem ich auch noch ein paar faustgroßen Kakerlaken auf dem Flur begegnet bin, ging ich sogar mit Schuhen ins Bett.

Im April 2003 war ich auf 170 Kilo runter und mein Selbstbewusstsein festigte sich wieder. Insbesondere in Bezug auf Frauen.

Ich traute mich wieder einen Angriff auf das weibliche Geschlecht zu fliegen.

Im Mai, zur Deutschen Meisterschaft, war ich im kleinen Walsertal. Dort lasen Brümmi und ich den Wetterbericht für RTL.

Hier begegnete ich Ulrike Menge, einer Judo- und Sumokämpferin, die mir zu meiner Gewichtsabnahme gratulierte und das eine oder

andere Kompliment einfließen ließ. Hallo, dachte ich, geht da was? Als sie mich dann auch noch nach meiner Zimmernummer fragte, drehte ich richtig an der Uhr:

"Mäuschen, ich hab ne Suite!"

Als es um 22.00 Uhr klopfte, war ich geduscht und zu allem bereit. Aber wir haben nur gequatscht und ein bisken gefummelt. Na ihr wisst schon, mal hier die Hand hinlegen und dort mal mit dem Finger drüberstreicheln, um zu testen, was die Perle dazu sagt.

Zum Sex kam es erst zwei Monate später, bei einer Charityveranstaltung „Sport gegen Gewalt". Da fiel ich über die süße 19jährige Ulrike her, wie die Mongolen über Europa. Hätte ich doch nur geahnt, was ich mir damit einrühren würde. Es begann eine zweijährige Hassliebe.

Mit Ulrike trat auch eine weitere schillernde Persönlichkeit in mein Leben – **Eckhard Dörndorfer** – bei dem Ulrike trainierte.

Dörndorfer war zu DDR-Zeiten bei der Stasi gewesen und kam vom Wachregiment Felix Dzierzynski in Berlin Adlershof. Eigentlich Trainer im Kanusport, fand er bald zum Judo und trainierte den Dynamo Adlershof.

Nach der Wende ging er in die freie Wirtschaft, Richtung Immobilien und Finanzen. Dort mischte er in allerlei, mehr oder weniger erfolgreichen, Geschäften mit.

Er fiel besonders auf, als er in Warnemünde, als Schwiegersohn in spe, eine Familie um ihr Vermögen brachte und es verjubelte.

Danach tauchte er in Schwerin auf und machte sich als Trainer beim PSV (Polizeisportverein) einen Namen. Er erzählte, dass er Nationaltrainer von Moldawien sei. Vielleicht hat er das aber auch damit verwechselt, dass er in Kroatien damals zur Fahndung ausgeschrieben war.

In Schwerin machten er und seine Frau Kathrin ein Sportgymnasium auf. Alles mit falschen Diplomen, ein Blendwerk. Uli Menge, damals 15, wurde hier seine Schülerin. Als das Internat in Schwerin geschlossen wurde, führte ihn sein Weg nach Uckermünde, wo er wieder eine Sportschule mit Internatscharakter aufmachte.

Ulrike blieb weiterhin bei ihm, aber inzwischen nicht nur in sportlichen Dingen, sondern auch privat. Der 40jährige Dörndorfer hatte bestimmt eine Menge Spaß, wenn er die Jugendliche vögelte.

So war der Stand der Dinge, als ich Ulrike vier Jahre später kennen und lieben lernte. Dörndorfer tat nun alles dafür, um mich zu coachen.

War ja verständlich, denn mit so einem anerkannten und erfolgreichen Sportler rechnete er sich einige Erfolge und Meriten aus, die er in bare Münze umsetzen könnte.

Von seinem besonderen Verhältnis zu Ulrike wusste ich zu dem Zeitpunkt noch nichts.

Ich wunderte mich über einige besondere Trainingsmethoden und Lehrgänge bei Dörndorfer, aber sie brachten mich schließlich zur Bronzemedaille beim Weltcup in Rotterdam. Der Coach leistete zudem hervorragende Motivationsarbeit an der Matte. Das konnte er wirklich. Dörndorfer konnte Leute einwickeln, aber auch nach vorne peitschen. Er war ein Demagoge, der einen in seinen Bann ziehen konnte.

Ab und zu tauchten Gerüchte um Dörndorfer und seine besonderen Beziehungen zu seinen Schülerinnen auf, aber ich wischte das beiseite. Uli bezog ich in die Gerüchte sowieso nicht mit ein, ich war schwer verliebt.

Zwischendurch wurde ich mal wieder zu „Verstehen Sie Spaß" gerufen und hatte einen lustigen Auftritt mit Miroslav Klose.

Ein lang gehegter Wunsch erfüllte sich auch, als mich der NDR zu „Sport 3" einlud. Davon hatte ich schon lange geträumt. Das war die große Ehre. So rutschte ich in das Jahr 2004.

Immer mehr Stimmen sagten mir: „Pass auf mit Uli!" oder „Dörndorfer ist ein Spinner!" Aber ich schob alles beiseite.

Auch als mein Freund Frank mich warnte, schnallte ich noch nichts. Wollte ich auch gar nicht hören. Das passte nicht in meine heile Welt. Sogar ein bekannter Anwalt sagt:

„Dörndorfer ist ein hochgradig gefährlicher Schizo, ein Betrüger!"

Nach und nach machte ich mir doch Gedanken und einige Dinge wurden deutlicher. Im Haus Dörndorfer wohnten er und seine Frau. Die beiden Zwillinge aus erster Ehe, sechs Kinder im Alter von 10 bis 16 Jahren, die zum Sport da waren und zwei Hunde. Alles war schmuddelig und abgeranzt.

Gelegentlich kam mir Geld weg, wenn ich zum Training dort war, aber noch immer hatte ich wegen Ulrike die rosarote Brille auf. Ich war 34 und sie 20.

Dann machte Uli plötzlich Schluss mit mir und zog zu ihren Eltern. Trotz meines Schmerzes blieb ich bei Dörndorfer. Ein Trainerwechsel machte drei Monate vor der Europameisterschaft einfach keinen Sinn. Im Februar absolvierte ich dann im Camp Dörndorfer noch ein Trainingslager mit Scheibi. Beim Kampf mit ihm sprang mir plötzlich der C6 Halswirbel weg. Bandscheibenvorfall.

Mein linker Arm war 15 Minuten ohne Gefühl und ohne Funktion. Einfach nur totes Fleisch. Also ab in die Klinik und CT und Röntgen. Gott sei Dank kam das Gefühl zurück.

Ich brach das Camp bei Dörndorfer in Ückermünde ab und fuhr zurück nach Rostock, wo ich mich in der Klinik bei Prof. Zettel meldete. Der steckte den Arm in eine Trageschlaufe, behandelte ihn täglich und beruhigte mich. Ich würde im Mai eine gute EM kämpfen können.

Uli war weg. Ich war an guten Sex mit ihr gewohnt. Also glich ich meinen Hormonhaushalt aus, in dem ich mit Conny Heyden, einer Mulattin, schlief.

Conny, die beim Sex die härtere Gangart bevorzugte, war zudem eine Freundin von Ulrike und hatte auch nichts besseres zu tun, als mir zu berichten, dass mich Uli während unserer gemeinsamen Zeit mit einem der Junioren betrogen hatte.

Wie es der Deibel wollte, bereitete ich mich in Berlin in einem konzentrierten Training auf die EM vor. Und wen bekomme ich dort zum Gegner? Natürlich, den Burschen, den sich Uli auf das Laken gezogen hatte. Ich legte den Welpenschutz ab, den ich immer bei jüngeren Gegnern eingeschaltet hatte und knallte dem Stecher gleich zu Beginn meinen Handballen unters Kinn, so dass sie ihn wegtragen mussten.

Na klar, das war sicherlich nicht feine englische Art, aber dafür ehrliche Rostocker Wut und tat mir unheimlich gut.

Professor Zettel behielt recht, ich wurde trotz meines linken Arms Dritter mit der Mannschaft. Erstaunlich, weil ich im linken Arm nur 50 Prozent Leistungsfähigkeit hatte. Aber wir Mecklenburger sind ja aus besonderem Holz.

Nach der EM machte ich mit der Zusammenarbeit Dörndorfer Schluss und eine Woche später klingelte ununterbrochen das Telefon. Es meldeten sich Leute, die er um Geld beschissen hatte.

Noch immer dachte ich an Ulrike.

Als Reinhard Bunk, Nationaltrainer Sumo, anrief und mich nach Wien zu den Judo World-Masters einlud, sagte ich sofort zu. Zusammen mit Conny fuhr ich hin. Zehn Jahre nach meinem letzten offiziellen Judoauftritt belegte ich dort den dritten Platz. Das war ein ganz besonderer Sieg und ich bin darauf auch heute noch stolz.

Mein kleines hartes Bückstück Conny drängte immer mehr auf eine feste Beziehung. Aber ich konnte und wollte nicht. Noch saß mir Ulrike im Herzen.

Und genau jetzt, schickte die mir eine Glückwunsch SMS nach Wien.

Das traf mich dann tief in meiner sensiblen Seele.

Es kam, wie es kommen musste. Zurück nach Rostock, zurück zu Ulrike, zurück ins Bett und wieder ein Paar. Von da an wohnte Uli praktisch bei mir. Zum einen wegen unserer neuerlichen Verbindung und zum anderen, weil sie in Rostock Physiotherapeutin lernte. Oder vielleicht nur deshalb?

Am 11. September 2004, feierte Uli ihren Geburtstag in Ückermünde bei Dörndorfers. Bei der Geburtstagsfeier konnte und wollte ich nicht dabei sein. Zum einen weilte ich gerade in Berlin und dann auch wegen der Trennung von Dörndorfer, wegen dem Junior den ich weggeklatscht hatte und was auch sonst so dabei immer mitspielte.

Auch Conny war dort und feierte im Hause Dörndorfer mit.

Als ich abends aus Berlin in Rostock ankam, erreichte ich Uli telefonisch nicht, der ich gratulieren wollte. Da beschlich mich schon so ein eigenartiges Gefühl, ich konnte es aber nicht näher bestimmen.

Der Anruf von Conny erreichte mich früh um Vier:

„Hör mal zu!" und ich hörte zu. Conny hielt wohl das Telefon an die Schlafzimmertür der Dörndorfers. Was für ein Ächzen, Stöhnen und Seufzen. Vor allem auch eine Stimme, die ich nur zu gut kannte. Ich bekam den Dreier von Dörndorfer, seiner Frau und Uli volles Programm mit!

Aber ich schwieg, ich verzieh und ich sprach nicht darüber.

Wieder einmal ging es zum Trainingslager nach Japan.

Ich konnte mich jedoch nicht richtig konzentrieren, meine Nerven flatterten, weil meine Gedanken immer wieder zu Uli gingen und ich verlor sechs Kilo aus dem Nichts.

Jeden zweiten Tag telefonierte ich mit Uli. In diesen Tagen verlor sie auch ein Kind. Und ich schwieg weiterhin über den Dreier.

Zurück aus Japan holte mich Uli mit Freudentränen im Gesicht vom Flughafen ab und ich schloss sie glücklich in meine Arme: „Uli, ich will dich nie mehr verlieren!"

Ich schwieg weiter und mir schoss der tröstende Gedanke durch den Kopf, dass der Dreier nur ein Ausrutscher gewesen sein könne.

Im Oktober ging es nach Riesa zur Weltmeisterschaft. Ich holte mit der Mannschaft Bronze und der Medienrummel ging erneut los, weil ich in der ersten Runde sensationell den Weltmeister Tzagaev weggehauen hatte.

Dann passierte etwas, was Auswirkungen bis heute auf meine sportliche Karriere haben sollte. Vor dem Halbfinale gegen Brasilien, das wir später gewonnen haben, kam ganz alleine und nur für mich die Aufforderung zur Dopingkontrolle.

Nicht das ich damit ein Problem gehabt hätte, aber es war absolut unüblich.

Das war in sofern ungewöhnlich, da die Dopingkontrollen erst bei feststehenden Medaillenplätzen aufgerufen werden. Also frühestens nach dem Halbfinale und nicht vorher.

Das alles beunruhigte mich jedoch nicht besonders, denn ich war mir sicher, dass ich nicht positiv getestet werden würde. Was sollte also passieren.

Ich wurde also geprüft und nahm nach meiner Rückkehr nach Hause ein Angebot von der „Rainer Hackl Entertainment Group" für eine Tournee unter dem Titel „Die Nacht der Kampfkünste" an. Wir tourten vier Wochen durch Luxemburg, Frankreich und Deutschland. Ein tolles Erlebnis.

Sieben Monate nach der Dopingprobe in Riesa rief mich Reinhard Bunk an:

„Dicker, dein Test ist positiv!"

„Wieso?", war meine erste Frage.

Das konnte mir Reinhard auch nicht sagen, weil es keine Aussage gab, worauf ich positiv sein sollte.

Die Präsidentin des Sumoverbandes Karin Kutz rief mich noch an und riet mir:

„Alex, nimm dir einen Anwalt!"!

Das war es dann auch mit der Unterstützung des Verbandes. Vorbei war es mit der Sport-Familie. Man ging merklich auf Distanz. So, als ob ich Ausschlag hätte.

Seitdem habe ich viele schlaflose Nächte damit verbracht, was da wohl geschehen sein könnte. Bestimmt ist es nicht unbedingt von Bedeutung, dass auch der Damentrainer Zuckschwerdt mit in Riesa gewesen ist, aber mir geht ständig der Gedanke durch den Kopf, dass da ein eventueller Zusammenhang bestehen könnte.

Gemäß des Ratschlags der Präsidentin suchte ich mir einen Rechtsbeistand, und nahm mir Peter Michael Diestel zum Anwalt. Letzter DDR-Innenminister und als Kämpfer für seine Mandanten in der Öffentlichkeit bestens bekannt.

Ich traf mich mit meinem Sponsor und Freund Frank von der Firma Emea und dem Journalisten Rösler.

Ihre Frage: „Auf was bist du denn positiv?", konnte ich immer noch nicht beantworten!"

Rechtsanwalt Diestel riet mir:

„Du lässt die B-Probe nur in deinem Beisein öffnen!"

Das ist zudem auch geschriebenes Recht der WADA (World Anti Doping Agency).

Mit Uli hatte ich die Zeit vom 23.12.04 bis 31.12.04 in Ägypten verbracht und ihr dort einen Heiratsantrag gemacht. So richtig mit Ring und Brilli und Kniefall am Roten Meer im Sheraton Beach Hotel, das ganze Ballett. Uli hauchte ein zartes: „Ja."

So schwebte ich, trotz des Damoklesschwertes wegen des Dopingvorwurfes, auf einer rosa Wolke.

Seltsamerweise wurde die B-Probe im Januar 2005 ohne meine Anwesenheit geöffnet. Es gab nur die profane Mitteilung, dass auch die positiv ist. Aber es wurde mit keinem Wort erwähnt, worauf sie positiv war.

Trotzdem bedeutete das für mich eine rückwirkende Sperre ab Oktober 2004 und eine Dopinganklage.

Vom Sumoverband kam immer noch keine klare Aussage, keine Fristen wurden eingehalten und der nationale, wie auch der internationale Verband missachteten meine sämtlichen Rechte.

Im Februar ließ man sich dazu herab, mich zu einer Sitzung beim Vorstand des Sumoverbandes einzuladen. Wohlgemerkt, nur eine interne Einladung.

Schon dass ich meinen Anwalt mitbrachte, sorgte für lange Gesichter. Es herrschte eine gespannte, fast feindliche Atmosphäre.

Die Präsidentin hielt sich aus allem raus und so war es mal wieder alleine Wolfgang Zuckschwerdt der sich zum Wortführer aufschwang, mich angriff und versuchte, mich unter Druck zu setzen.

Vollkommen aus dem Zusammenhang des Dopingvorwurfes hielt er mir meine Zusammenarbeit mit Dörndorfer vor, der kein Aushängeschild für den Verband sei, und er, Zuckschwerdt, sähe darin eher eine Rufschädigung der Sumos und damit auch seiner eigenen Frau.

Zuckschwerdt führte die Gerüchte um den Missbrauch von Jugendlichen durch Dörndorfer ins Feld, um damit auch mich als dessen Schüler für nicht tragbar zu erklären.

Hier kam richtig deutlich zu Tage, um was es ihm eigentlich ging.

War das derselbe Saubermann Zuckschwerdt, der Kerstin Hempel bei dieser WM in Riesa aufgefordert hatte Annika Schulz als gewogen einzutragen, obwohl sie fünf Kilo Übergewicht in ihrer Gewichtsklasse hatte?

Wie passte seine Empörung gegenüber meiner Person mit dieser Handlungsweise zusammen?

Selbst wenn mir Reinhard Bunk von dem Vorfall mit Kerstin Hempel nicht persönlich erzählt hätte, nach meinen Erfahrungen hätte ich selbst einem Gerücht geglaubt.

Aber Gott sei Dank ist Kerstin Hempel eine untadelige Sportlerin und weigerte sich, einen solchen Betrug zu unterstützen.

Die Repressalien, die Kerstin Hempel erleiden musste, sind der interessierten Öffentlichkeit hinreichend bekannt und können auch im Internet gegoogelt werden.

Um was ging es hier eigentlich? Wurde auf meinem Rücken ein Ost–West-Verbandskonflikt ausgetragen? Ging es um einen Männer– Frauenkonflikt im Sumo? Durfte ich als Relikt der DDR -Sportzeiten nicht mehr erfolgreich sein?

Sollte hier ein Medienkonkurrent aus dem Weg geräumt werden?

Viele Fragen, auf die es wahrscheinlich keine endgültige Antwort geben wird, die aber trotzdem gestellt werden müssen.

Und immer wieder taucht der Name Wolfgang Zuckschwerdt auf.

Fragen, die gerade im Jahr 2007 wieder aktuell sind.

Nach zwei Jahren Dopingsperre hat man mich erneut in den Nationalkader berufen und für die Weltmeisterschaft in Thailand nominiert, weil man sportlich nicht an mir vorbeikommt.

Und schon erhalte ich Anrufe, dass sich Wolfgang Zuckschwerdt erneut dafür stark macht, mich aus dem Verband zu bekommen und für die WM streichen zu lassen.

Vor diesem Hintergrund muss ich zudem die Fragen aufwerfen dürfen, ob es damals bei der WM in Riesa vielleicht eine Manipulation der Essensrationen mit Nandrolon gegeben haben könnte.

Wer hat daran Interesse gehabt?

Überhaupt der Verband. Hier mal einige kleine Daten, bzw. Dinge, über die man Kenntnis haben sollte.

Sportler, die nach Japan ins Trainingslager reisten, bekamen zum Beispiel einen Tagessatz von zehn Euro, aber der Bürgermeister von Riesa, bei der Bewerbung für die WM, reiste mit den Funktionären zusammen und gönnten sich ein „fettes Leben".

Heute bezahlen wir Kämpfer unsere kompletten Turnierteilnahmen selbst, während die Funktionäre sogar Kilometergeld abrechnen.

Die Sportler bekommen keine Flüge mehr gesponsert und müssen sie selbst tragen. Apropos Flüge.

Zu den goldenen Zeiten des Sponsors ANA (ALL NIPPON AIRLINES), der so 200 Flüge jährlich zur Verfügung stellte, hielten die Herren Romenad und Eckard vorm Vorstand die Hände darauf. Niemand anderes konnte darüber verfügen und wer die Flüge hatte, hielt die Macht.

Jedenfalls hatte niemand sonst Verfügbarkeit darüber.

Ob es wirklich wahr ist, dass Flüge auch an den Judoverband verscherbelt wurden, kann ich nicht sagen, wohl aber auf die Gerüchte darüber verweisen, die ständig die Runde machten.

Merkwürdig auch, dass 2006, als die ANA sich aus dem Sponsoring zurückzog, auch die Damen und Herren Funktionäre zurücktraten.

Ein Schelm, wer sich Böses dabei denkt. Auch dabei, dass es bei Mitgliederversammlungen keine detaillierte Einsicht in die Verbandsfinanzen gab.

Der Vorstand verweigerte sogar die Einsicht auf einzelne Belege und ignorierte die Gerüchte unter den Mitgliedern, dass es nicht mit rechten Dingen zugehen kann. Auskünfte gab es nur Allgemeine. Also Posten wie zum Beispiel Personalkosten und Bewirtung als Pauschalbegriff.

Mir ist das erst später deutlich geworden, nachdem ich, aufgeweckt durch das Verhalten zum Dopingvorwurf, mich mit einigen Leuten darüber unterhalten habe. Wo Rauch ist, ist auch Feuer - sagt man ja wohl.

Und in diese Kategorie fällt auch das Weltcup Turnier in 2003 in Braunschweig, für das Karin Kutz, die Präsidentin des Sumoverbandes, extra eine GmbH gründete. Warum wohl? Doch wohl nicht etwa um einen Gewinn am Verband vorbei zu lancieren?

Leider oder besser „Ätsch", mit einem schadenfrohen Augenzwinkern, es endete mit Miesen im Portemonnaie.

Was mir mit dem Urteil von Riesa an Nachteilen beschert wurde, kann ich nur kurz anreißen. Neben einer Demotivation zum Training, gab es eine immense Rufschädigung und einen immensen Verlust an Einnahmen. Also auch ein finanzielles Fiasko. Ein öffentlicher Spießrutenlauf begann. Es interessierte ja niemanden, dass die Vorgehensweise alles andere als objektiv gewesen war.

Die alten Neider traten wieder lauthals auf und einige Leute zogen sich zurück, ein paar wurden vorsichtiger im Umgang mit mir und nur wenige blieben mir treu zur Seite. Sponsoren brauchte ich gar nicht mehr anzusprechen. Und viel zu spät begriff ich, dass ich für das Reinwaschen meines Namens auch Geld gebraucht hätte. Es genügt einfach nicht, dass man unschuldig ist. Ich glaube auch, dass die Drahtzieher sich über die weitere Entwicklung des Vorwurfs genauestens im Klaren gewesen sind. Das heißt von dem Vorwurf, bis zur eventuellen Möglichkeit einer Aufklärung.

Wie geschickt das alles eingefädelt sein musste, wurde mir dadurch bewusst, dass die Anwaltskanzlei Diestel mir schriftlich zusicherte, dass ich vor dem internationalen Sportgericht in Lausanne Recht bekomme, wenn ich dort eine Klage gegen die Sperre einreiche.

Aber leider fehlten mir die notwendigen 5.000 Euro und ich musste darauf verzichten.

Auf Grund des Rufmordes durch die Dopingfalle hatte ich gerade mal eben genug zum Essen.

Es war schon seltsam, dass der Verband darauf verzichtete, mir irgendwelche Titel abzuerkennen oder Medaillen zu nehmen. Vielleicht wollte man nicht unnötig auf die Machenschaften aufmerksam machen? Was fürchtete man da wohl?

Im Gegenteil, man mied mit dem Thema sogar die Öffentlichkeit. Ich selbst war es, der zwölf Monate später eine Pressekonferenz zum Thema gab.

Neben eklatanten Verfahrensfehlern wies ich auch darauf hin, dass es mit dem Verhalten des Verbandes schon eine Art Vorverurteilung gegeben und das der Sumoverband nichts zur objektiven Klärung beigetragen hatte.

Ich wies darauf hin, dass ich vielleicht das Bauernopfer für irgendeine Kompetenzstreitigkeit gewesen sein könnte.

Auch mein Hinweis auf die Verletzung der Fürsorgepflicht des Verbandes gegenüber dem Sportler verhallte unkommentiert. Was hat es mir genutzt? Nichts. Zu fest sitzen die Urheber in ihren Sätteln und zu verfilzt sind die Verbindungen.

Trotzdem Alex, weiter so. Kinn auf die Brust, die Fäuste hoch und das Gesicht in den Wind.

Das Leben hatte auch noch andere Seiten. So genehmigte mir die

Krankenkasse das Abnehmen der überflüssigen Haut, die so genannte Bauchschürze, nachdem ich gute 75 Kilo abgeschmolzen hatte.

Nach der OP kam es zu kleinen Schwierigkeiten.

Ich lag in meinem Bett und grübelte darüber nach, warum ich immer noch an einer Blutkonserve hing. Bei der vierten Konserve wurde ich nervös und klingelte jemand vom Dienst heran. Um 22.00 Uhr beruhigte mich der Arzt Lorenz Belusa:

„Mach dir keinen Kopp, Alter, ist nur eine Wundrevision!"

Eine saloppe Umschreibung für ein offengelassenes Blutgefäß.

Trotzdem, es war wirklich nur eine Kleinigkeit. Kurz nach 22.00 Uhr in den OP und um 23.00 Uhr schon wieder im Bett. Also nicht wirklich ein dickes Ding.

Aber doch wohl für die Medien. Die BILD saß drei Tage später an meinem Bett. Meine Erklärung der „Wundrevision" überhörten sie wohl und so stand am nächsten Tag in der Zeitung: „Alex Czerwinski bei OP fast gestorben!"

Gegen den Artikel ging dann auch die Klinik vor und die BILD musste widerrufen und dazu noch einen Gefälligkeitsartikel bringen.

Im April gab es ein Ranglistenturnier in Brandenburg. Uli, die noch bei Dörndorfer trainierte, trat auch an.

Der Polizist Zuckschwerdt holte mal wieder zu einem seiner selbstgefälligen Behauptungen aus und ging auf Uli los:

„Wenn man dich getestet hätte, wärst du auch positiv gewesen!"

Ob er damit nun auf das Verhältnis zu mir anspielte oder auf das Training bei Dörndorfer, weiß ich nicht.

Uli klagte auf die Unterlassung dieser Behauptung und sie gewann.

Wolfgang Zuckschwerdt durfte seine Behauptung nicht mehr öffentlich wiederholen.

Da ich ja nun nirgends offiziell kämpfen konnte, suchte ich mir neue Schlachtfelder. Dem Krieger darf das Schwert nicht rostig werden.

Schon bald bekam ich ein Angebot für einen Freefight. Ich sagte zu und trainierte beim PSV in Rostock und im „Allround Gym".

Uli fuhr zur Europameisterschaft nach Ungarn und sollte von dort am Montag zurückkommen. Stattdessen rief sie an, dass das Auto kaputt sei.

Zwei, drei Anrufe von Sportfreunden ließen in mir die Sorge um ein neuerliches Verhältnis zwischen Uli und Dörndorfer wieder aufleben.

Das wurde umso drückender, als sie zurückkam und ziemlich distanziert, fast ablehnend war.

Ich schluckte auch diese Kröte. Unseren Urlaub hatten wir für Kroatien geplant. In den Tagen bis zur Abreise löste sich die Spannung zwischen uns wieder und die Stimmung wurde zusehends besser.

Zwei Tage vor Urlaubsantritt, wurde bei meiner Mutter „Lungenkrebs" diagnostiziert. Für mich stand außer Frage, dass ich ihr in diesen ernsten Zeit beistehen musste. Der Urlaub war überhaupt nicht mehr relevant für mich. Aber Uli bestand darauf und hatte keinerlei Verständnis dafür, dass ich die Ferien verschieben wollte.

So gab ich ihr die 1.500,-- Euro Urlaubsgeld und bot ihr an, alleine zu fahren. Wenn ich auch alles bis dahin geschluckt und mich selbst erniedrigt hatte, diese Gefühlskälte von Uli und ihr Egoismus zerschnitten alles, was uns bis dahin verbunden hatte.

Als Uli tatsächlich fuhr, starben in mir die Gefühle für sie.

Während sie im Urlaub weilte, tauschten wir nur wenige SMS aus.

Der Tag ihrer Rückkehr war auch der Zeitpunkt, als ich ihr sagte:

„Sieh zu, dass du mit deinen Sachen in fünf Tagen hier ausgezogen bist!"

Es war vorbei und Uli packte. Als wir uns dann „Tschüss" sagten, konnte ich es mir nicht verkneifen:

„Und? Hat der Dreier mit Dörndorfer und Frau Spaß gemacht?"

Uli war nur für einen Moment über mein Wissen verblüfft und hatte eine einfache Erklärung dafür:

„Mensch, ich war besoffen!"

Mit dieser banalen Erklärung trennten sich unsere Wege

*

Und wieder einmal begann ein Jahr „scheiße". Ich weiß nicht, ob ich diese Gemütstiefs zum Schwung holen brauche oder aber zum Auslaufen.

Die Krebsdiagnose bei meiner Mutter war ein Tiefschlag für mich. Die Hilflosigkeit meinerseits gegen die Sperre des Sumo-Verbandes wegen Dopingverstoßes lähmte mich und zu allem Übel hinterließ die Trennung von Ulrike doch ihre Spuren in meiner Seele.

Ich ließ mich hängen und trieb wieder in diese Depressionsphase die ich schon kannte, die ich hasste, nicht verhindern konnte und doch herbeisehnte.

Ich fürchtete diese Selbstzerfleischung der philosophischen Betrachtungen über das Leben und den Tod und liebte gleichzeitig die Nähe zum Suizid, die immer etwas warmes, fast intimes hat. Gerade das macht sie ja so gefährlich.

Mich holte ein kleiner Umstand aus der sich anbahnenden Selbstzerstörung.

Ich stand im Wort. Ich war eine Verpflichtung eingegangen.

Meine Zusage gegenüber den beiden Kampfsportpromotern Christian Bürki und Percy Michals im November bei ihrem ersten Germans King Cup in Rostock im Free-Fight anzutreten, war gegeben.

194

Bevor ich über die Kante in die nächst tiefere Stufe der Depression rutschte, leistete ich mir ein paar Antidepressiva und hangelte mich Tag für Tag in eine gute Vorbereitung auf das Event.

Ich musste mich komplett umstellen und begann mit Boxen, Ringen und Grappling, *(Grappling - Griffmethoden, Griffkampf - ist ein Element vieler* Kampfsportarten *und beinhaltet* Hebel, Würfe, *zu Boden bringen,* Aufgabegriffe, *Würgegriffe und andere Haltegriffe jeglicher Art).*

Zudem war die Gemeinschaft der Freefighter eine vollkommen neue Erfahrung. Das waren nicht die oftmals als dumpf draufschlagende Idioten hingestellten Schläger, sondern starke, gefestigte Persönlichkeiten.

Im Umgang untereinander gab es kein Angeben oder Protzen, sondern Respekt und Achtung. Wenn man erst einmal die Effektivität dieser Sportart kennen gelernt hat, dann begreift man auch, mit welchem Verantwortungsbewusstsein diese Kämpfer ihr Können einsetzen.

So verbrachte ich mal wieder ein paar Monate unter Schwitzen und Quälen, mit Grübeln und Zweifeln, voller Ängste und Freuden.

Es war die geile Mischung aus Selbstkasteiung und Eigenreinigung.

Im November 2005 war ich dann da durch und pünktlich zum Kampf in der PSV-Halle in Rostock hatte ich meinen Kopf frei.

Die Bude war mit 1.500 Leuten komplett ausverkauft.

Der gute alte „Wemser" Alex saß in seiner Umkleide war nicht ansprechbar. Mein erster Freefight. Mir ging zwar nicht der Arsch auf Grundeis, aber ein bisken mulmig war mir schon. Scheiße, warum musste ich mich auch immer auf solche bescheuerten Sachen einlassen. Schließlich war ich schon Mitte 30.

Von meinem Gegner wusste ich nicht allzu viel. Das war der Slowake Ivan Skondic vom „Brazilian Pride Team". Man kündigte ihn mit erst vier Kämpfen an, wie sich jedoch später herausstellte, hatte er bereits gute 30 Fights hinter sich gebracht.

Aber das wusste ich zu diesem Zeitpunkt noch nicht. Also rein ins Geschehen.

Der „Walk In" war geil, die Halle stand Kopf und absolut hinter mir.

1. Runde (5 Minuten)

Es lief besser, als ich es mir vorgestellt hatte. Obwohl mein Gegner mich mehrmals hart traf, hatte ich das Gefühl der Überlegenheit. Ich brachte ihn insgesamt viermal mit Takedowns derart hart zu Boden, dass jeder andere beim ersten Mal liegengeblieben wäre. Aber der Slowake kam immer wieder hoch. Meine Unerfahrenheit im Freefight kam hier zu Tage, ich setzte nicht nach und vor allem ließ ich die Schlagtechniken vermissen, wenn ich ihn am Boden hatte.

2. Runde

Gleich zu Beginn passierte es. Skondic traf mich mit einem rechten Kopfhaken auf dem linken Ohr. Sofort brachen mir die Knorpel und das Ohr lief voll Blut- Jetzt setzten unerträgliche Schmerzen ein, sodass ich für Augenblicke nichts mehr sehen konnte.

Da kamen sie in mir hoch, die Wut, die Aggressivität und der Zerstörungswille. Ich konnte eine Judotechnik anbringen, brachte mein Gegenüber zu Boden und ging in diesen Ablauf mit meiner Schulter rein. Ich spürte sofort, wie seine Rippen unter mir nachgaben (2 gebrochen).

Ich war wie im Rausch, ging sofort in die Mount, setzte die Fußsperre und war über ihm.

Mit der Linken würgte ich ihn, während die Rechte auf ihn einschlug.

„Straßen-Alex" hatte Besitz von mir ergriffen und damit die Regie im Ring übernommen. Der Ringrichter warf sich dazwischen und brach ab.

So habe ich meinen ersten Freefight gewonnen.

Ich war noch mit Grappi und Scheibi im VIP-Room, um uns schon mal für die anschließende Feier „vorzuglühen", als der Promoter Percy zu mir kam:

„Alex, geh mal zu deinem Gegner, dem geht es nicht so gut!".

Ivan hatte innere Blutungen und musste ins Krankenhaus, kam auf die Intensivstation. Einen Tag sah es wohl richtig eng aus, aber dann hat er sich wieder berappelt.

Aber ich sag euch, mein Ohr hat mir auch noch tagelang richtig weh getan.

Eigentlich war ja nun alles „Lupe" oder hätte es zumindest sein sollen. Aber ausgerechnet zum Jahreswechsel 2005 / 2006 kumulierten sich alle Ereignisse des letzten Jahres in mir und stürzten mich in eine üble Verfassung. So zog ich pöbelnd, beleidigend, prügelnd durch die Nacht. Die Tour der Aggression endete morgens um 08.00 Uhr. Bis dahin war es mir gelungen, sämtliche Freunde und Bekannte zu verärgern, die unterschiedlichsten Parties zu sprengen und meine letzten Sympathien endgültig zu vergeigen.

Ich klappte ab. Hatte keinen Bock auf irgendetwas. Plötzlich war sie wieder da, die Angst vor großen Plätzen, vor Menschenansammlungen und vor den ewigen Konflikten. Immer funktionieren müssen und nie die Wünsche aller erfüllen zu können. Es war die Zeit gekommen dem ein Ende zu bereiten. Einfach ein Schlussstrich zu setzen. Und das war mein völliger Ernst, in aller Konsequenz.

Während ich mich anzog, um das „Eisen" abzuholen, das ich mir bereitlegen lassen hatte, um diesem wechselhaften Dasein mit einem lauten Knall ein Ende setzen zu können, rief der Sportarzt Thomas Neuendorf an:
„Keule, wie geht's Dir?"

Voller Verwunderung lauschte ich der Frage und entgegnete:
„Thomas, warum rufst du ausgerechnet jetzt an?"

Tja, eines Tages möchte ich ja doch einmal mein Schutzengelchen kennenlernen, das mich schon aus so vielen Situationen gerettet hat. Denn so eins muss es ja geben, sonst wäre dieser Anruf doch nicht in dem Augenblick passiert, als ich mir die Birne wegblasen wollte.
Thomas und ich redeten eine ganze Weile, bis ich endlich nachgab und mich einem seiner Freunde, einem Psychiater, anvertraute.
Dass ging dann drei Monate lang, zweimal die Woche.
Man hatte mir ja schon oft gesagt: „Alter, du brauchst einen Psychiater!", aber in dieser Aufgabenstellung war das nie gemeint gewesen.
Kurz und gut, es klappte. Der Doc holte mich aus dem Tief. Ich machte meine Bittstellerunde und entschuldigte mich bei allen Leuten, denen ich in der Silvesternacht die Feier versaut hatte. Nach und nach verziehen sie mir.
Danke mein Engelchen.
Es war ein Wechselbad der Gefühle und ich bekam wieder positive Energie zu spüren. Die Footballer der Rostock Griffins fragten bei mir an, ob ich nicht Lust hätte ihr Team zu verstärken. Ich hatte Lust. Einfach Lust, wieder etwas zu bewegen, etwas zu gestalten. Etwas Neues, eine neue Erfahrung zu machen.
Im März fragte mich der PSV, ob ich nicht in der 2ten Bundesliga Judo kämpfen wollte. Ich wollte. Natürlich wollte ich das auch.

Dazu kam die Einladung des amerikanischen Sumo-Verbandes für die US-Open auf dem Tisch. Die Amis scherten sich einen Teufel um meine Sperre, die wollten einfach den deutschen Panzer auf ihrer Matte haben.

Im April 2006 kamen die Einladung zu „Wetten das" und einen Tag später das Visa für die Einreise in die USA.

Die Jungs am anderen Ufer des großen Teichs hatten richtig Ballett gemacht, damit ich mit meinen Verurteilungen überhaupt einreisen durfte, aber das war ich ihnen wohl wert.

Ach, das Leben kann so schön sein und der Tod ist immer so endgültig.

Ich war froh wieder da zu sein. Allerdings ist mir bis heute bewusst geblieben, wie schmal die Grenze zwischen Sein oder Nichtsein ist.

Bei mir hatte das Leben nur an einem verdammten kleinen Anruf gehangen, einem Telefonklingeln. Wäre ich schon auf der Treppe gewesen, um die Kanone zu holen, vielleicht auf der Toilette, so hätte ich das Gespräch mit Thomas nie geführt und „Sumo-Alex" wäre schon Geschichte.

*

„Wetten das" war ne echt coole Nummer. War „kämpfen" für mich so etwas wie ein Broterwerb und Passion, so gibt es in meiner Einteilung auch die Rubrik „Besonderes", in der sich all die Fights wiederfinden, die entweder kurios oder aber mit besonderen Menschen stattfanden.

Einer meiner tollsten Begegnungen in dieser Sparte war mein Kampf mit dem Schauspieler Armin Rohde.

Wir trafen bei „Wetten das" aufeinander, die mit 14 Millionen

199

Zuschauern größte Fernsehshow Europas.

Armin, der gerade „Vater Undercover" drehte, verlor seine Wette, dass jemand von einem Tischkicker aus, mit Erfolg, auf ein reales Tor mit Torwart schießen könnte. Der Wetteinsatz war ein Kampf mit mir.

Wir sahen uns in der Umkleide zum ersten Mal.

Wie Armin später sagte, war er beruhigt, als er merkte, dass ich ein Mensch mit Humor bin und die Sache nicht als persönlichen Existenz- oder Profilierungskampf ansah. Er nannte mich einen „Kämpfer ohne Eitelkeiten", was ich noch heute als Lob empfinde.

Armin legte großen Wert auf sportliche Ernsthaftigkeit und so zeigte ich ihm die Grundregeln des Sumo.

Der ehemalige Judoka (brauner Gurt) und Tae Kwon Do Kämpfer (grüner Gurt) machte es mir auch nicht all zu schwer. Sein natürliches Bewegungspotential und kampfsportliches Verständnis ließen uns schnell eine Choreografie finden.

Auf der Bühne haben wir uns dann einen Spaß daraus gemacht, dass ich das übliche Sumoeröffnungsritual vorführte und Armin mich ständig nur imitierte. Das Publikum war begeistert. Dann ging es los. Ich hob Armin kurz aus, um eine Technik zu demonstrieren und ließ dann zu, dass mein Gegner mich werfen konnte.

Nach der Sendung sind einige Anrufe eingegangen, wie das denn angehen könnte und ob man da nicht etwas vorgetäuscht habe.

Ja, haben wir. Aber ehrlich, wie kann denn jemand überhaupt annehmen, dass man ohne Training und ausreichende Praxis einen 160 kg schweren, aktiven Sumoringer in seiner Disziplin besiegen kann?

Will man das in einer Spielshow überhaupt sehen?

Armin und ich sind von Anfang an davon ausgegangen, dass das jedem Zuschauer klar sein muss.

Und jeder, der sich nur ein wenig in dem Metier auskennt, wird wissen, was es trotzdem für Mut bedeutet, sich dieser Herausforderung überhaupt zu stellen. Vor allem auch welche Leistung es ist, einen Brocken wie mich überhaupt auszuheben und zu werfen.

Respekt Armin.

Thomas Gottschalk bezeichnet heute noch unseren Auftritt als eine der größten Nummern, die bei ihm gewesen sind.

Die Kameradschaft zwischen Armin und mir ist bis heute geblieben. Wir treffen uns, wenn es die Zeit und die Zufälligkeit an einem Ort zu sein, zulässt.

Für mich war der Kampf eine einmalige Gelegenheit den Sport und die Sumotori zu repräsentieren. Ein bisschen werde ich auch heute noch rot, wenn Armin zu anderen Leuten sagt:

„Es ist ein Zeichen von Größe und Herz, dass ein Kämpfer vom Format Sumo-Alex, einen solchen Sieg jemandem anderen gönnen kann."

Oke, dass waren alles keine Dinge, die mir Einkommen brachten, aber im Moment war mein Hauptgedanke darauf gerichtet, einfach nur fit zu bleiben.

*

Am 06. April 2006 ging es in die USA. Man bereitete uns einen herzlichen Empfang. Geplant war, dass wir, Scheibi, Grappi und ich den zehntägigen Aufenthalt in einem Hotel in Little Tokio verbringen sollte, aber schon nach drei Tagen nahm uns Troy, ein farbiger Ausbilder bei des LAPD (Los Angeles Police Department) der für unsere Betreuung zuständig war, mit zu seiner Familie und zu sich nach Hause.

Troy entsprach dem typischen Klischee, das man sich bei einem amerikanischen Drill Sergeant vorstellt. 195 cm groß, 115 kg austrainiert, dazu seine Schirmmütze auf dem Kopf und die ewige Zigarre im Mund.

Er lebte in einer kleinen Villa und wir hatten das Gefühl, beim „Prinz von Bel Air" zu Gast zu sein.

Rund um das Turnier gab es den typischen amerikanischen Rummel aus Shows, Interviews und Gastauftritten.

Scheibe musste einen Schaukampf mit einem 180 kg schweren Radiomoderator abliefern.

Ich ging ins Rennen zu einem Pan Cake Wettessen.

Nach dem zwölften Pfannkuchen schwenkte ich allerdings die weiße Serviette zum Zeichen der Aufgabe, was den Moderator zu dem bemerkenswerten Kommentar veranlasste:

„Why you used the white flag, you are not french!"

Schöner Text und vor Lachen kippte ich mit dem Stuhl nach hinten.

Der Wettkampf selbst lief ausgezeichnet für mich. In der ersten Runde haute ich einen Hawaiianer raus, dann folgten noch vier weitere Siege.

Beim Kampf um den Einzug ins Finale traf ich auf Kato, den AllJapanischen Meister.

All-Japanisch bedeutet, dass er der Meister aller Sumotori in Japan ist, der Amateure und der Profis.

Ich widerstand ihm zwei Minuten lang. Eine unendliche Zeit im Sumoringen, bei dem sich sonst alles innerhalb von Sekunden entscheidet.

Dann unterlag ich dem Meister und späteren Turniersieger.

Nach dem Turnier folgten Auftritte bei Marshall-Art-TV, MTV (I Wanna Be Made Sumo-Wrestler) und noch einigen.

Bei einem dieser TV-Interviews sagte Kato:

„Der einzige, der mich in diesem Turnier hätte gefährden können, war Alexander Czerwinski aus Deutschland"

Das war mein Adelsschlag und ich war stolz wie Bolle. Eine solche Anerkennung aus dem Mund dieser Legende war mir mehr wert, als eine Medaille.

Obendrauf luden japanische Funktionäre Scheibi, Grappi, mich, Troy und Kato noch auf ein Bier ein.

Die Tage nach den Kämpfen bedeuteten Urlaub und wir zogen durch die Gegend. An einem Abend fuhren wir nach Korea Town, wo es die einzige Raucherkneipe weit und breit gab. Wir saßen noch in unseren Autos, als vor dem Laden eine Keilerei begann. Da kloppten sich davor zwei Schwarze gegen einen.

Interessiert schauten wir zu und bewerteten die Technik der Straßenkeiler. Das eine oder andere riss uns tatsächlich zu Beifall hin.

Als es für den Einzelkämpfer brisant wurde, wollte Scheibi eingreifen. Ich hielt ihn zurück:

„Bist du bescheuert, die haben hier alle ein Eisen einstecken!"

Ich wusste aber auch, dass Troy bereits die Kollegen der LAPD gerufen hatte und die fuhren dann auch mit zwei Autos vor.

Das ganze dauerte nur ein paar Sekunden. Die Polizisten stiegen gleich mit Tonfas ins Geschehen ein und ruck zuck waren die drei Keiler ruhig gestellt, wurden übereinander auf einen Pick Up geworfen und ab damit.

Zu meinem Geburtstag am 10.04. lud man mich in die Universal Studios ein.

Scheibi kam auf die Titelseite der LA Times, die dann mit uns zusammen einen VIP-Besuch im Universal Picture Park machten.

Armin Müller Stahl traf ich am Muscel Beach von Venice.

So flog die Zeit vorbei und ich fand mich ein paar Tage später in Rostock wieder, wo ich Anne kennenlernte, meine kleine süße Tanzmaus.

Zu den World Masters im Judo fuhr ich im Juli nach Tours. Der alte Weggefährte Frank Grunert kam mit und sorgte für ständig gute Laune.

Bei den Masters belegte ich den zweiten Platz.

Deutschland schlug bei der Fußball-WM an diesem Tag Argentinien und so war meine Silbermedaille gerade richtig, um der ausgelassenen Stimmung im Hotel noch eins obendrauf zu setzen.

Party, Party, Party!

Die beste Nachricht in diesem Jahr war, dass sich der Gesundheitszustand meiner Mutter wesentlich besserte. Das nahm mir eine Riesenlast von der Seele.

Meine Serie in der 2ten Bundesliga Judo für den PSV war sensationell. Ich verlor nicht einen Kampf. Gewann alle vorzeitig, wobei keiner länger als zwei Minuten dauerte.

Zwischen den Fahrten arbeitete ich auf der Familientankstelle, während ich die Freizeit für den Sport opferte und die Wochenenden für Kämpfe.

Von der kleinen Nacktschnecke Anne hatte ich mich getrennt und tröstete mich im Moment mit der blonden Netty darüber hinweg und es schien eine ernsthaftere Sache zu werden.

Das Jahr ging langsam dem Ende zu, als aus Berlin die Einladung zu einer Budo-Gala kam, bei der ich als Juror die Vorführungen bewerten sollte.

Das fand ich spannend und so fuhr ich mit Netty dorthin.

Es war eine gute Veranstaltung vor 1.500 Zuschauern und mit Vorführungen aus allen Bereichen der Kampfkunst.

Mit in der Jury saß der Autor Lothar Berg. Na, wie soll ich sagen? Er wirkte im ersten Moment wie ein Peter Lustig in böse, aber ich sah auch gleich, dass wir auf derselben Schule gewesen sein mussten, nämlich der des Lebens.

Und ich war mir sofort sicher, dass wir nix mit den in Ehren ergrauten Juroren gemein hatten, die die Jury vervollständigten. Und genau dieses Gefühl verband uns vom ersten Moment an.

Oder wie der Volksmund so treffend sagt, Schweine erkennen sich am Gang. Es dauerte nicht allzu lange und wir befanden uns in einem angeregten Gespräch und verabredeten uns zu einem baldigen Treffen in Rostock.

Nach einem besinnlichen Weihnachten und einem ruhigen Jahreswechsel begannen Lothar und ich mit den Arbeiten zu „Sozialismus, Skinhead, Sumo".

Der gebürtige Kohlenpottler machte mir von Anfang an klar, dass er nicht an der sturen Aufzählung von Sporterfolgen interessiert sei, sondern an dem Menschen Alex Czerwinski, an dem Drecksack und an dem Helden, ganz einfach an dem gelebten Leben. So wurde die Arbeit an diesem Buch eine Art Zeitreise für mich und auch ein Stück Aufarbeitung.

Manchmal empfand ich sein ewiges Nachfragen lästig und auch zu intim, ab und zu nervend und hin und wieder peinlich, aber zum Schluss doch gerechtfertigt.

Ich konnte ihm nicht wirklich was vormachen, als alter Szenehase merkte er jedes Mal ziemlich schnell, wenn ich mich vor einem unangenehmen Thema drücken wollte.

Vielleicht war es auch ein bisken intellektueller Sadismus von dem alten Sack, den Finger in die Wunde zu legen und auch noch ein wenig darin zu bohren.

Aber ich glaube, es hat dem Buch gut getan.

Die Menschen um mich herum und mit mir schienen sich immer von selbst zu vervollständigen. Ich lebte wie in einem Vakuum. Irgendwie geschützt und doch vollkommen hilflos. Immer wartete ich darauf, dass man mir sagte, was ich als nächstes tun soll, wie es weitergeht.

Waren das die Grundsubstanzen, die ich noch aus der DDR in mir hatte? Dort musste ich immer nur den Anforderungen genügen.

Schließlich hatte ich das gelebt und mit der Muttermilch aufgesogen.

War das vielleicht auch der Konflikt in mir nach der Wende gewesen?

Jedenfalls war ich mir sicher, dass irgendetwas Neues mit mir passierte.

Im Februar schlug ich bei Jürgen von der Lippe in der Sendung „Extreme Aktivity" auf. Eine rundherum spaßige Sache.

Zudem häuften sich die Anfragen von Veranstaltern, die mich bei einem nächsten Freefight haben wollten.

Da musste ich in mich gehen. Irgendwie fand ich keinen Zugang zu der Sache. Es ist das eine, jemanden aus Hass und Wut oder aus Selbstverteidigung, ohne Rücksicht auf die Konsequenzen, solange in die Fresse zu hauen, bis er liegen bleibt – es ist aber etwas anderes, dasselbe zu tun, nur um sich mit ihm sportlich zu messen und um herauszufinden, wer für dieses Mal der bessere Mann ist.

Dieses Gen für den feinen Unterschied habe ich anscheinend nicht.

Ich habe einfach diesen Zwischengang im Kopf nicht, der zwar höher schalten lässt, aber auch vor der letzten Konsequenz abschaltet. Entweder bin ich Sportler oder ich bin Krieger, dazwischen funktioniert es nicht für mich.

Dass ich keinen Schiss habe, muss ich niemanden mehr beweisen. Auf der Strasse, wie auch auf der Matte.

Was die Kämpfer des Freefights da oben im Ring abliefern ist ein Höchstmaß an Präzision und Beherrschung.

Ich glaube, dass ich einfach ein enges Regelwerk zur Selbstkontrolle brauche. Beim Freefight ist diese Kontrolle umso mehr in die Hände des Athleten gelegt. Da habe ich einfach Angst, die Grenzen zu überschreiten.

Bei meinem ersten Auftritt in dieser Sportart habe ich festgestellt, dass ich mit meiner Form von sportlichem Wettkampf dort nicht weiterkomme, die zweite Stufe bei mir aber gleich der Überlebenskampf ist. Wer weiß, wie es ausgegangen wäre, wenn der Ringrichter nicht eingegriffen hätte.

Ich wiege 150 kg, stemme auf der Bank 230 kg und betreibe seit fast 30 Jahren Kampfsport. Wenn ich das nicht kontrollieren kann, dann gehöre ich nicht zu den Freefightern. Aus Eigenschutz und auch aus Schutz für andere. Also sagte ich ab.

Na ja, ganz so einfach kann man sich dann doch nicht daraus zurückziehen. So trudelten die Anfragen weiter ein.

Christian Bürki hatte dann die gute Idee, diese Ära mit einem Abschiedskampf zu beenden, so dass es ein offizieller glatter Schnitt wäre. Oke, nickte ich ab, noch einmal und gut ist.

Im April lud man mich zu "MEGA CLEVER" in Berlin ein. Lothar und ich nutzen die Zeit, um weiter am Buch zu arbeiten.

Bei den Aufnahmen in den Studios begleitete Lothar mich und wir haben uns köstlich amüsiert. Es ist schon witzig zu sehen, wie enorm wichtig es für die eine oder andere Berühmtheit ist, im Mittelpunkt zu stehen.

Lothar, der tätowiert ist, und ich mit meiner Masse fielen auf und deshalb scharten sich auch ständig Leute um uns herum und wollten mehr über uns wissen.

Zu Anfang brachte ich sie ins Grübeln, als ich sagte:

„Wir sind die Weltmeister im Männersynchronstricken!"

Es dauerte einen Moment bis man hinter den Scherz kam, aber dann löste das gemeinsame Lachen die Spannung.

Bei MEGA CLEVER sollte ich gegen einen Schimpansen Tauziehen spielen.

Das dauert den ganzen Tag und immer wieder hieß es auf Start, Pause und wieder auf Start. Zwischendurch den „Mawashi" an, den „Mawashi" ab. Für Lothar war es die Premiere, einem Sumotori beim Anlegen des Mawashi zu helfen. Hat ihn ganz schön Überwindung gekostet, dem alten Macker:

„Hätte ich nie gedacht, dass ich mal ´nen dicken Kerl windeln werde!", war sein Kommentar. Jedenfalls trat ich dann gegen den Schimpansen an. Ich glaube, der war der einzige, der sich gedacht hat „Ich mach mich doch hier nicht zum Affen!" jedenfalls spielte er nicht mit.

Nun gut, die Sendung lief aber trotzdem.

Jetzt folgten einige turbulente Wochen und Monate. Es gab ein Sumo-Turnier in Berlin, an dem ich ja teilnehmen konnte, weil meine Sperre abgelaufen war. Ich freute mich darauf, dass Lothar mich zum ersten Mal kämpfen sehen konnte, denn immerhin schrieb er ja über mich.

Und? Was passierte? Ich verkackte auf der ganzen Länge und schied sang- und klanglos ohne einen Sieg aus.

Aber Lothar weiß selbst genau, wie nah Sieg und Niederlage beieinander liegen. Das tröstete mich jedoch nicht, ich war geknickt.

Da mein Autor gerade eine Drehbuchberatung für einen Kinofilm machte, bekamen wir die Gelegenheit, jeder einen kleinen Auftritt in dem Film „HARDCOVER" von Christian Zübert zu bekommen.

Lothar stellte einen Typen aus dem Milieu dar und ich einen Typen, den Lothar für eine andere TV-Serie entwickelt hatte, den man aber schon in diesem Film gerne zeigen wollte.

Zu den Filmausnahmen ging es nach Düsseldorf. Wir drehten dort mit Wotan Wilke Möhring, Lucas Gregorowicz und anderen, hatten viel Spaß dabei.

Wir saßen zum Beispiel in der Umkleide mit einigen anderen Nebendarstellern zusammen und warteten auf das Zeichen, dass wir zum Set kommen sollten.

Ein farbiger Bodybuilder zog sich noch um und entblößte dabei seine mächtigen Oberarme. Ich muss sagen, richtige Keulen.

Neben mir seufzte ein blasser, körperlich ziemlich mickriger Darsteller:

„Mann, solche Beine hätte ich gerne, wie der Arme hat!" Worauf Lothar verwundert fragte:

„Was willst du denn mit schwarzen Beinen?"

Leute, das Gegröle was nach ein paar Sekunden einsetzte, war ohrenbetäubend.

Ich selbst musste in einer Szene mit dem Kopf eine Laterne ausschlagen. Das tat ich dann auch so echt, dass es mächtig schepperte. Regisseur Christian Zübert machte sich ehrlich Sorgen um meine Gesundheit, aber ich konnte ihn beruhigen, dass so ein oller Ostseeschädel schon 'nen festen Bumms aushalten kann.

*

Im Mai und Juli folgten Sumo Weltcup Turniere in Wien und Kiew, bei denen ich jeweils die Silbermedaille holte.

Das hatte dann auch Signalwirkung für den Deutschen Sumoverband, denn es stand die WM in Thailand ins Haus. Und mit diesen Erfolgen kam man mit einer Nominierung nicht an mir vorbei. Also näherte man sich wieder an mich an.

Ich gebe es zu, es schmeichelte meiner Eitelkeit. Aber es war auch eine Konfrontation mit Wolfgang Zuckschwerdt, der Bundestrainer Sumo war und noch immer gegen mich intervenierte.

Würde er bei einer Berufung in die Nationalmannschaft mitspielen? Oder würde er seinen Einfluss gegen mich geltend machen?

Mich aus dem Kader drängen?

*

Lothar ging im September auf Mallorca in Zwangsurlaub, wie er es nennt. Für Sabine, seine Frau, die übrigens spitzenmäßige Bouletten und Kartoffelsalat auf den Tisch bringt, ist es aber das Größte, am Strand zu sitzen, aufs Meer zu sehen und sich zu bräunen. Lothar fährt erst seit drei Jahren mit, weil sie ihn darum gebeten hat. Die 25 Jahre zuvor war er nicht im Urlaub.

Diesmal hatten sie ein kleines Haus am Strand und luden mich und Anne übers Wochenende ein.

Richtig, ich war wieder mit Anne zusammen und bin es noch. Ob ich da in die Falle gehe?

Auf jeden Fall brachte ich die aktuelle Diskussion auf die Insel mit, ob Zuckschwerdt im Verband und bei der Mannschaft gegen mich mosert oder nicht.

Wasser, Strand und Sonne bereiteten mir erholsame 48 Stunden, bevor ich wieder zurück flog und wieder Spannung aufnahm.

In einer Woche stand noch ein Turnier in Mailand an. Dort musste ich noch eine richtige Duftmarke setzen. Ich wurde Zweiter, schlug bis auf den mongolischen Weltmeister die angetretene Weltklasse.

So Wolfgang Zuckschwerdt, was nun?

Ich kürze die Erzählung mal mit zwei Nachrichten ab:

Original-Nachricht Datum:Thu,4Oct,2007 12:36:53

Von: Siegfried Raabe

An: Martina Lunau

Betreff: Neuer Sumo-Bundestrainer-Männer

Hallo Frau Lunau, bitte auf der Homepage des
SVD Veröffentlichen.

Der SVD hat wieder einen Sumo Bundestrainer-Männer.

Jörg Brümmer übernimmt das ab sofort von Wolfgang
Zuckschwerdt der als Bundestrainer-Frauen, nach dem Rücktritt
von Reinhard Bunk, das Amt kommissarisch mitbetreut hat, das
Amt des Sumo Bundestrainer-Männer.

Wolfgang Zuckschwerdt danke ich auch im Namen des SVD für
die von ihm geleistete Arbeit.

Jörg Brümmer dessen Erfolge als Wettkämpfer wir alle kennen
wünsche ich in seinem neuen Amt viel Glück und genauso viel
Erfolg wie als Wettkämpfer.

Eine zweite erfreuliche Personalie möchte ich an dieser Stelle auch
noch mitteilen.

Karsten Grap wird mich und den SVD bei der Sportorganisation
unterstützen. Er wird mich in meinem zweiten Amt als
Sportreferent als kommissarischer Sportreferent bis zur nächsten
Mitgliederversammlung vertreten.

Karsten Grap wie auch Jörg Brümmer müssen dann auf der
nächsten Mitgliederversammlung gewählt bzw. bestätigt werden.

Mit freundlichen Grüßen/Best Regards

Siegfried Raabe

Sumo Verband Deutschland

Präsident

und

Sumo- Verband- Deutschland e.V.

Bundestrainer-Männer

Jörg Brümmer

1.

Nominierung der Männernationalmannschaft Deutschland zur Sumo-WM 2007 in Thailand.

In Absprache mit dem Bundestrainer-Männer, Jörg Brümmer(berufen am 29. Oktober 2007 durch den Präsidenten Siegfried Raabe) werden hiermit folgende Sportler an die ISF gemeldet:

- 85 kg Peer Schmidt-Düwiger
- 115 kg Lutz Goldmann
+ 115 kg Alexander Czerwinski
Open Torsten Scheibler
Team Grap/ Czerwinski/ Scheibler/ Ersatz: Schmidt-Düwiger

2.
*Hiermit fordere ich Herrn Wolfgang Zuckschwerdt **letztmalig** auf, die WM-Vorbereitung der Männer durch unüberlegte Äußerungen nicht weiter zu stören.*

gez. Karsten Grap
Sportdirektor

Tja, das wars. Noch Fragen?
Mein breites Grinsen könnt ihr euch ja vorstellen.
Die Birne war geschält. Mann, war das geil. Und 2007 ging weiter richtig ab.

*

Lothar hatte mit dem Verleger eines seiner Bücher und Hörbücher, Mario Koss, dem Musikproduzenten von Pikosso Records, die Idee, dass es doch ein Burner sein müsste, mit mir eine CD rauszubringen.

Natürlich war ich einverstanden. So entstand „Ich bin so geil", meine erste CD. Ich rockte im pinkfarbenen Glitteranzug mit meinem Mops Juice zusammen.

Es war neben der ganzen Belustigung für die anderen, ganz schön harte Arbeit für mich, bis ich meine Büffelhüfte in den richtigen Move gebracht hatte, damit der Takt stimmte. Aber, es kommt gut an.

Die zweite CD ist bereits in Planung. Wo das hinführt weiß ich nicht, aber es macht Spaß. Das Leben ist bunt.

Zwischendurch musste ich mich auch noch auf den Freefight und die Sumo-WM vorbereiten.

Der Freefight kam am 10.11.2007 in der Rostocker Stadthalle vor 3.500 Zuschauer. Die Bude war voll mit Freunden, Bekannten und Fans.

Lothar hatte an diesem Wochenende ein Drehbuchseminar in Berlin und ließ sich direkt von dort um 17.00 Uhr in Berlin abholen. Die Berliner hatten sich einen kleinen Bus gemietet und machten sich auf den Weg. Mit dabei waren Frank Kessler (6. Dan, VizeWeltmeister Tae Kwon Do), Bernd Reichenbach (Vizepräsident Kickboxverband Berlin-Brandenburg), Udo Seidler (ExEuropameister Karate), Michael Angres (2facher World-Champion Tae Kwon Do) und Thomas Rieger (Boxen, Kick-Boxen).

Sie schafften es trotz des einsetzenden Winterwetters um 20.00 Uhr in Rostock zu sein.

Was dann kam war großes Ballett.

Nachdem einige Gegner den Kampf mit mir abgesagt hatten, stellte sich ein Holländer. Box- und Kickboxerfahrung aus 87 Kämpfen. Er wog 145 kg und war gut 195 cm groß.

..... R I K I S H I (der Krieger)

Und nun ist es mein letzter Kampf Mein letzter Auftritt. Wie schnell ist die Zeit doch verflogen. Eben noch ein neugieriger Junge, mit großen Augen und voller Wissbegier und nun ein alter Kämpe von 38.

Draußen in der Sporthalle am Ring sitzen die alten Cracks des Kampfsports aus Deutschland und Europa. Im Viereck zwischen den Seilen, auf dem schweiß- und blutgetränkten Mattenboden, messen sich die modernen Gladiatoren aus den verschiedenen Bereichen des Kampfsports ...

... ich höre den Ansager, der meinen Namen ruft. Ich muss in den Ring. Vorbei die Erinnerungen an die Kindheit und die Bilder der Jungend, der Erfolge und der Niederlagen. Es gilt.

Ich stemme mich hoch. Rieche den Mief um mich herum. Ronny, mein Trainer ist bei mir, ich höre seine Stimme, die mich beruhigt. Die Kabinentür geht auf und der Lärm der Menge prallt mir entgegen.

Ich sehe die begeisterten Gesichter, die Hände die sich mir entgegenrecken und offene Münder, die mir irgendetwas zurufen was ich nicht höre, während ich den „Walk In" mache. Aus den Lautsprecherboxen dröhnt als Einmarschmusik ein Song der mich schon 20 Jahre lang in den Ring begleitet und für den ich den Jungs von den „Toten Hosen" heute noch die Füße küssen müsste:

„Hier kommt Alex" in der
unplugged Version.

3500 Leute singen das Lied, das in der Hansestadt Rostock jeder mit mir verbindet, Hammer, mehr geht nicht!!!

Jetzt durch die Seile. Ich spüre den Ringboden unter den Füßen und das Adrenalin beginnt in den Adern zu pulsieren. Im Schädel beginnt der Prozess der Witterungsaufnahme. Ich sehe hinüber zu meinem Gegner, der mich mitleidslos fixiert. Er ist größer als ich und strahlt Überheblichkeit aus. Arsch, denke ich, Arsch!

Ich werde wütend. Gut so. Scheiß Käsefresser.

Aber etwas ist anders. Und im schlechtesten Augenblick den es gibt, kommt die berühmte Frage hoch:

„Was mach ich eigentlich hier?"

Patsch, eine Ohrfeige von Ronny holt mich zurück:

„Was ist los Dicker? Wo bist du?

Gong!

Ich fliege aus der Ecke heraus und meine Beine stampfen auf dem Ringboden, dass der nur so bebt. Ich bin schnell, verdammt schnell, unterwegs. Ich sehe in die Augen des Holländers und erkenne sein Erstaunen. Reflexartig schlägt er einen Aufwärtshaken und einen Seithaken und trifft mich mit beiden.

Egal, lächerlich, für einen winzigen Moment flackert es vor den Augen. Dann bin ich in ihm drin. Gib im keine Chance, no Mercy! Ich bin direkt am Mann, hebe ihn aus, drehe ihn, werfe ihn auf den Rücken und bin sofort drüber. Die Beine eingehakt und meine drei Zentner auf sein Gesicht packen, dazu einen Nackenhebel anziehen.

Ich spüre den Riesen unter mir zucken, bekomme leichte Panik, dass er sich befreien könnte und ziehe den Hebel noch mehr an. Spüre den aufkommenden Wunsch ihn zu vernichten, da erschlafft er und klopft ab.

Die Ewigkeit dauerte nur 33 Sekunden.

Eine Riesenlast fällt von mir. Sieg, aus und vorbei.

NACHLESE

Später auf der Party in Warnemünde, habe ich erst begriffen, wie richtig es war, dass ich mich aus dem Freefight zurückgezogen habe. Trotz des schnellen Erfolges hatte ich schon wieder diese sekundenlange Spannung in mir gespürt, diesen Kampf mit allen zur Verfügung stehenden Mitteln vorzeitig beenden zu müssen. Wahrscheinlich ist es auch immer der Respekt vor dem Gegner, der mich überreagieren lässt.

Die Jungs aus der Hauptstadt kamen auch noch rüber zu Party, um mit mir zu feiern, mussten aber gegen 03.00 Uhr schon wieder los, weil Lothar um 10.00 Uhr wieder in Berlin im Seminar sein musste.

Er hat mir noch etwas erzählt, was mich schmunzeln lässt. Um ihn herum haben ja nun einige Brocken und alte Fighter gesessen. Während ich also aus meiner Ecke flog und den Holländer niederrang, hörte Lothar eine Stimme neben sich sagen:

„Was sagt uns das, wenn ein Dicker so auf dich zukommt?"

Kurzes Schweigen. Dann von der anderen Seite:

„Abhauen!"

Das ist Respekt und Anerkennung aus der allerersten Reihe.

Bei Michaela Schaffrath möchte ich mich ganz doll bedanken, die extra nach Rostock gekommen ist, um im Ring einen Pokal zu überreichen. Lothar hatte sie gefragt, da die beiden sich seit langem kennen.

Michaela, du bist eine tolle Frau und ein außergewöhnlicher Mensch. Es ist eine Bereicherung, dich kennengelernt zu haben.

Und jedem, der sich nun was Falsches denkt, kann ich nur sagen: „Junge, du bist auf dem Holzweg!"

Jaaa, und eine Woche später die WM von Chiang Mai in Thailand. Leute, ich hatte ein Powerjahr hinter mir und war geladen wie drei Blitze.

Kurz und gut, ich wurde Fünfter im Einzel / Schwergewicht.

Habt ihr es richtig verstanden? Fünfter bei einem Starterfeld mit 30 Leuten der absoluten Weltspitze in meiner Gewichtsklasse. Das ist ein Riesenerfolg mit 38 Jahren.

Außerdem, bester Deutscher von allen angetretenen Deutschen.

GLÜCK schreibt man groß!

Zurück in Berlin meldeten sich die Medien mit Blitzlicht und Interviews und das alte Zirkuspferd Sumo-Alex drehte sich. Außerdem flog ich mit Picosso Records nach Rumänien, wo wir den Videoclip zu „Ich bin so geil" drehten.

Es liegen Einladungen nach Kuwait und Dubai für Schaukämpfe vor. Vielleicht klappt es sogar mit einer Moderatoren- oder Darstellerkarriere im Jahr 2008.

Ich jedenfalls bin bereit.

*

Das Leben bildet keinen Charakter, aber es legt ihn frei.

Ich glaube ich bin endlich angekommen. „Rikishi" (Kämpfer) sein heißt nicht, Auseinandersetzungen suchen, sondern sich selbst kennenlernen, sich selbst vertrauen und auch sich selbst verzeihen.

Der Kampf mit dir selbst ist immer der größte Kampf.

Wenn du gelernt hast, den eigenen Versuchungen zu widerstehen ohne deine Träume aufzugeben, dann bist du bereit.

Kämpfen, um meine Persönlichkeit zu finden oder zu untermauern, muss ich nicht mehr. Aber fighten, zum Spaß an der körperlichen Auseinandersetzung, das werde ich weiterhin. Nicht für Titel und Ruhm oder um Leute zu beeindrucken, nein, nur aus Freude am Kräftemessen.

Und wer weiß, wenn das Leben weiterhin so bunt und das Tempo so hoch bleibt, kann ich euch in 20 Jahren wieder etwas berichten.

Ich kann euch nur raten, bleibt neugierig und laut.

In diesem Sinne,

dranbleiben und weitermachen,

Euer Alex

Ende
© by Lothar Berg

EPILOG

Einen Alexander Czerwinski ohne Kampf gibt es nicht und so setzt er seine Geschichte fort.

2008 belegt er den vierten Platz bei "Best Of The Best" Berlin Basho, das mit den zwölf besten Sumo-Kämpfern der Welt besetzt ist.

So ganz nebenbei feiert er weitere Erfolge und macht vollkommen neue Erfahrungen, im Mannschaftssport, im Teamgeist. Belegt er 2009 noch als Defensive Tackles (DT) bei den Rostocker Griffins den vorletzten Platz in der Football-Oberliga- Ost, steigt er 2010 mit seinem Team bereits in die Regionalliga Ost auf und kommt dort 2011 auf den vierten Platz. Den Bruch mehrerer Handknochen lässt er sich tapen, spielt weiter. Von dort aus geht es weiter mit dem Aufstieg. 2012 in die German Football Liga 2. Sumo-Alex tackelt, rammt und kämpft, trotz HWS Knicktrauma C 3 und Aderruptur in der rechten und Muskelbündelriss in der linken Wade. Er wirft sich in die Strapazen und Quälereien, auch um den Verlust seiner Mutter zu überwinden, die im September 2012 stirbt. Sein Kampfgeist, sein Aufopferungswillen und seine Kampfstärke bescheren ihm 2013, als zweiten Deutschen, die Aufnahme in die GRIFFINS HALL OF FAME. Das Trikot mit der Nummer 99 erhält der Koloss von der Küste als besondere Auszeichnung, die nun nie wieder anders vergeben wird und die nach Alexander Czerwinski kein anderer mehr tragen wird.

Und so nebenbei? Relaxen? Chillen?

Das ist nichts für Alex. Er bereitet sich auf die Judo-Senioren Masters am 24. November 2013 in Kathar vor.
Er reißt, zieht, wirft und fegt wieder im Judoanzug, während er an seiner Kraft arbeitet.

Bankdrücken	1 x	mit	262,5 kg
Bankdrücken	3 x 5	mit	240,0 kg
Beinpresse 45°	8 x	mit	750,0 kg
Nacken	5 x	mit	205,0 kg
AMAP (A Maxiamal As Possible)	48 x	mit	100,0 kg

Und trotz Muskelbündelriss in der Brust berserkert er weiter. Kinn auf die Brust, Fäuste hoch, die Augen geradeaus.

Alexander Czerwinski der ewige Kämpfer.

Die Haus- und Hofbäckerei von Sumo Alex

seit 1899

Anschrift

Grubenstr. 38 | 18055 Rostock

Kontakt

http://www.grubenbaeckerei.de

Der Autor Lothar Berg wurde 1951 an der Ruhr geboren.

Er lebt und arbeitet in Berlin.

Seine Veröffentlichungen befassen sich zumeist mit Alltagscharaktere, den menschlichen Schicksalen und den Abgründen des menschlichen Daseins. Seine Kurzgeschichten, Romane und Poesie sind ein ständiger Drahtseilakt zwischen Drama und Komödie. Die Werke zeichnet die ehrliche, authentische und brachiale Sprache aus, die keinen Zweifel an den Absichten der Protagonisten zulässt.

Lothar Berg verbindet seine Lebenserfahrung, seine eigenen Erlebnisse mit Fiktion und dominiert durch Authentizität, die seinen Werken Glaubhaftigkeit verleiht.

„In jedem von uns steckt das Potential zu einem Verbrecher,
wir sind alle gleich, nur .....
die Bösen tun das, wovon die Guten träumen." (Lothar Berg)

www.alterdrecksack.de

Alter Drecksack Youtube

Lothar Berg

DER KILLER - CODE

THRILLER

ISBN 978-3-752624-625
Im Buchhandel und Online

ISBN 978-3-89998-332-6

Verlag – Buchhandel - Online

Lothar Berg / Carlo Feber

Breslauer Platz

CAFE BRESLAU

Ein heißes ganz Ding

ISBN 978-3-7528-3756-8

Im Buchhandel und Online

COOL
EIN GANZ NORMALER ARBEITSTAG

LOTHAR BERG

Kriminalroman

ISBN 978-3-752624-793
Im Buchhandel und Online

ISBN 978-3-752624-830

Im Buchhandel und Online